卢旺达教育、语言政策与社会发展研究

张荣建 编著

中国农业大学出版社
·北京·

U0823251

图书在版编目(CIP)数据

卢旺达教育、语言政策与社会发展研究/张荣建编著. —北京：中国农业大学出版社，2018.10

ISBN 978-7-5655-2109-6

Ⅰ.①卢… Ⅱ.①张… Ⅲ.①教育研究-卢旺达②语言政策-研究-卢旺达③社会发展-研究-卢旺达 Ⅳ.①G542.7②H823③D742.7

中国版本图书馆 CIP 数据核字(2018)第 227612 号

书　　名　卢旺达教育、语言政策与社会发展研究

作　　者　张荣建　编著

策划编辑	张　玉	责任编辑	张　玉
封面设计	郑　川		
出版发行	中国农业大学出版社		
社　　址	北京市海淀区圆明园西路 2 号	邮政编码	100193
电　　话	发行部 010-62818525，8625	读者服务部	010-62732336
	编辑部 010-62732617，2618	出　版　部	010-62733440
网　　址	http://www.caupress.cn	e-mail	cbsszs@cau.edu.cn
经　　销	新华书店		
印　　刷	涿州市星河印刷有限公司		
版　　次	2018 年 12 月第 1 版　　2018 年 12 月第 1 次印刷		
规　　格	787×1 092　　16 开本　　12.5 印张　　150 千字		
定　　价	48.00 元		

图书如有质量问题本社发行部负责调换

前言

为了服务国家"一带一路"倡议和为进一步对外开放提供智力贡献，重庆师范大学东非研究中心借助多学科优势和学校与卢旺达大学共同建设孔子学院的机遇，在教育部国别研究项目支持下，组织课题研究团队，对卢旺达的教育、语言和语言政策，以及社会发展展开多方位的研究，本书就是重庆师范大学张荣建教授领衔的研究团队对卢旺达研究的成果之一。

卢旺达共和国(Republic of Rwanda)位于非洲中东部赤道南侧，为内陆国家。东邻坦桑尼亚，南连布隆迪，西和西北与刚果(金)交界，北与乌干达接壤，国土面积 26 338 平方千米。境内多山，有"千丘之国"的称谓。

中国与卢旺达自 1971 年 11 月 12 日建交以来，两国友好合作关系发展顺利。中国和卢旺达在政治、经贸、教育、文化、医疗和旅游诸方面开展了相互合作和广泛交流，在国家"一带一路"倡议中，位于非洲中东部的卢旺达具有重要地位。进一步加深对卢旺达国情的了解，对促进两国关系的发展非常有必要。

本书对卢旺达教育、语言和社会诸方面进行综合研究，其主要内容是从历时和共时的视觉研究卢旺达教育、教育语言政策和社会的发展和未来的趋势，包括卢旺达教育改革、双语教育、教育模式和传统、全球化视野的卢旺达高等教育；语言态度与语言维护，语言与社会态度和认同，语言政策与语言规划，以及女性和老年人状况等，其经验对我们也有借鉴作用。

本书分为四个部分：

第一部分是卢旺达社会发展管窥，涉及卢旺达民族和解和教育，卢旺达旅游业的发展，广播娱乐节目与环境保护，卢旺达社会平等和贫困的分析。

第二部分介绍卢旺达教育现状与发展，涉及卢旺达教育发展的历史轨迹，对卢旺达教育的国际影响，远程教育，社区层面的特殊教育，女生权益保护，大学生对教学质量的反思和卢旺达公立高等教育的开放性研究。

第三部分讨论卢旺达语言政策，涉及语言教育政策与民族身份认同，卢旺达的多语教育政策与汉语传播 ，卢旺达语言政策历史演变，卢旺达的社会语言生活，卢旺达语言政策中的母语和卢旺达微观语言政策。

第四部分介绍卢旺达教育语言政策与实践，涉及汉语学习，语言转换和对大学生学习质量的影响，英语环境下的学习策略和学习动机。

通过近两年的努力，本书终于付梓了。本书的完成出版，要感谢教育部国别研究项目的支持〔教财司函(2017)601 号〕，重庆师范大学对项目的支持(项目编号 02060401/201801000113)，感谢重庆师范大学科研处和东非研究中心所提供的人力和财力支持，感谢重庆师范大学外国语学院对完成时间的保障和提供的人力、财力支持。最后，要感谢中国农业大学出版社特别是张玉编辑的鼎力帮助。

本书在编撰过程中，从构思、组稿和编写，得到曾广煜老师、肖璞老师、冯伯韬老师和张诗丹老师，研究生林玲的大力支持，也在此一并致谢。在本书出版之际，也有众多遗憾，国际风云变幻，社会发展迅速，本书的不足既因为本人学识的原因，也有资料选择的客观原因，本书权当抛砖引玉，不足之处就有待来者今后加以弥补完善了。

张荣建

2018 年 6 月

目 录

第一篇 卢旺达社会发展管窥

第二篇 卢旺达教育发展面面观

第三篇 卢旺达的语言政策

第四篇 卢旺达教育语言政策与实践

第一篇
卢旺达社会发展管窥

第一章　内战后卢旺达社会与教育发展

1994 年大屠杀和内战后，流亡乌干达的卢旺达人组成卢旺达爱国阵线并且最终掌握政权，大批图西族难民返回家园。大屠杀和内战给卢旺达造成巨大损失，也给新政府带来巨大压力。新政府面对的是一个满目疮痍的国家，大批卢旺达民众死于战火，人们饱受战争创伤，基础设施被破坏，经济停滞，管理国家的各类人才被杀害或者逃亡，不同族群间的敌视和安全威胁。这些严峻的政治、社会和军事形势影响到卢旺达政府的决策。为了适应 1994 年以后国家重建的需求，政府采取了一系列措施，集中精力重建基础设施，完善司法体制和服务行业，加快农村经济发展。在这一系列举措下，卢旺达经济逐年增长，国家重建初见成效，经济已超过战前（1990 年）的水平。

卢旺达经济发展良好的同时，教育、卫生健康、交通和农业都有了很大改善。不过，卢旺达面临的挑战之一是人口增长。卢旺达是世界上人口最密集的国家之一，并且人口增长率有可能在未来 10 年达到 25％。另一个挑战是妥善处理民族矛盾和促进民族和谐，卢旺达 1990 年代的种族冲突和内战就是因为族群矛盾驱动的。从 2009 年起，卢旺达政府吸引了大批在欧洲北美受过教育的卢旺达人回归，他们的经验、知识和国际网络对国家重建非常重要，卢旺达政府尽可能地将不同的群体吸收和纳入和谐的民族整体。

教育在卢旺达内战后的民族团结和和谐中起到重要作用，教育既能够导致社会冲突，也能够促进社会发展和和谐。卢旺达教育体制存在的问题包括教育平等，包容和排斥，妥协和批评思维，群体交往等。

政治经济因素是卢旺达冲突的关键，但教育也是不可忽略的因素。教育机会的不平等会带来社会阶层和性别的分裂，例如，在教学语言的选择上，母语基尼亚卢旺达语作为小学教学语言，法语作为中学教学语言，这种语言政策使得内战和大屠杀前卢旺达仅少数人能够接受法语作为教学语言的中学教育。教育公平是社会和谐的基础，也得到卢旺达政府的高度重视，在实现和平后，新政府所推进的教育机会平等和教育质量提高有很大进展。

2017 年，卢旺达总统卡加梅获得连任，开始了总统的第二任期。目前政府的首要任务是维护国内稳定，提高生活水平，并且继续保持社会经济的发展。

第二章　卢旺达民族和解与教育的历史叙述

卢旺达社会经济发展过程中，教育面临一个难以回避的历史问题：如何在课程和教材中处理族群矛盾和冲突。目前，卢旺达教育部门的方法是在教材中消除历史中有争议的部分，因为人们对现代历史的陈述和表达有分歧。卢旺达正在治理多年来的种族相互敌视、猜疑和偏见，对历史叙述的争论不利于国家社会经济发展和促进民族团结和和谐的大目标。政府强调卢旺达身份认同的基础是民族纽带而不是种族差异，这些联系纽带包括语言、文化、宗教和祖先信仰。政府特别强调在前殖民地时期卢旺达的民族团结。

1994 年内战和大屠杀后，卢旺达政府进行了教育改革，卢旺达民众和国际社会普遍对改革成就感到满意，特别是在按照成绩确定教育机会和种族平等方面进步明显。但教育改革中关于历史教育的问题是一个挑战，对其处理不好会导致社会不稳定和影响脆弱的和解过程，因此，历史教学的改革显得有些滞后。卢旺达民族和解涉及个人和集体的关系重建，而长期深入的和有意义的和解需要对历史和对历史课程内容的共识，才能够促进民族和解，社会重建和和谐。

在内战和大屠杀惨案中，大量卢旺达民众死亡，战乱严重破坏了学校各种设施设备，大部分教师和孩子受到身心伤害。大屠杀后，卢旺达政府需要解决教育重建问题，其涉及种族平等和地域平等等教育体制问题。20 世纪 20 年代比利时殖民者建立的教育体制让统治精英成为受益者，这些精英获得更多的教育机会和工作机会。当时，基于种族和地域的教育不平等广泛存在，而教育体制、课程和教材所包含的种族区别和敌视的内容对社会平等和稳定造成了危害。

20 世纪 90 年代内战后，卢旺达在普及小学教育和促进教育性别平等等方面取得成就，受到广泛赞扬，并且获得大量国际教育援助，对涉及教育的各个方面进行重建，国际援助组织认为，卢旺达教育的问题是发展中的问题，可以通过更好的规划，基础设施建设和研究加以解决。

不过，卢旺达教育重建面临的难题包括建立更加公正、高效和平等的教育，教育要在促进国家和平与民主、宽容和社会重建中发挥重要作用。政府的教育政策是要终止某个阶层和族群的特权，特别是获得教育和就业机会的特权。为此，卢旺达政府成立了《民族团结和和谐委员会》(the National Unity and Reconciliation Commission)，官方文本避免使用胡图族、图西族和特瓦族的术语，教材和课程中含有种族歧视的内容被删除，官方文本提倡团结，强调一个民族——卢旺达族，强调共同的语言、文化、历史和土地。法律禁止学校按照族群对人群分类。中学和大学入学按照成绩录取，教育语言政策要求从使用法语转向使用英语。这一系列教育政策正发挥着积极作用。

卢旺达教育改革涉及各级教育和学校，也涉及学习的问题和课程重建的问题。教育改革的理念是强调相同而非差异，依靠传统价值观来构建未来，如卢旺达语词汇目标 ubumwe 表示团结和独立，ubupfura 表示心灵美、善良、勇气和对祖先的尊重。政府提倡的民族身份超越了传统的胡图族、图西族和特瓦族的身份划分，这些对教育产生了重大影响。

但因为大屠杀前的历史教学被认为给制造种族区别推波助澜，涉及很多历史事件和冲突，所以，历史课程和教材的改革处于滞后状态，此外，历史课程的教学法也需要改革，需要培养学生的批评思维和独立分析能力。历史是多面的，单一的历史叙述是被动方法，需要开放的、互动的和讨论的方式。

2001 年，卢旺达的外援占国民总收入的 20.8%，而 1990 年是 11.3%。国际援助机构如联合国教科文组织和联合国发展署看到了卢旺达教育改革的发展和成就，初等教育入学率从 1990 年的 65.9%增加到 2001 年的 96.1%，基本实现了普及初等教育；中小学招生实现了性别平等，男女比例从 1990 年的 86.4%增加到 2001 年的 96.3%。不过，教育的另一个挑战是教育水平的提高和小学毕业率的不足。

卢旺达的教育改革还需要考虑，普及初等教育和性别平等还并非就是真正的包容、平等与和平。普及初等教育固然重要，但教学方法和教学内容同样重要。教育对促进民族和谐的影响是长期的，其结果需要从长时期来衡量。卢旺达政府认为，促进民族团结的意识形态是促进和平的一部分。和谐稳定是基础，是一个持续的过程，然后是安全的讨论环境。历史教学和讨论可以与和谐团结同时存在。

尽管现在避免不同族群的称呼，但种族身份也确实影响人们对历史的感知。历史教学需要采纳恰当的教学法，鼓励人们自己进行反思和判断，并且达到共识。教育改革还包括课程改革和教师培训，包括师生和家长多方面的参与。老百姓是教育改革的承受者，应该鼓励更多民众参与教育改革。只有在促进和解、宽容和民主的社会政治环境中才能够出现相应的教育。

卢旺达的历史是社会关系的平衡和政治的解读，历史话题敏感，特别是涉及种族和种族关系的叙述容易带来族群的矛盾和冲突。1994 年大屠杀后，卢旺达政府为实现民族统一和和谐采取了促进团结的政策并且推行了一系列措施，包括集体身份的解释，即身份不是基于种族而是基于卢旺达公民身份确定的。其次，对历史的解释认为，在殖民者到来之前卢旺达没有种族划分。政策自上而下地影响到社会各个群体，特别是建立集体的身份或者民族身份，如公民身份。这些举措有利于建立集体归属感和共有身份，促进社会和谐和共享文化。

但是，卢旺达的种族身份依然重要，对其的历史叙述涉及民族团结和和谐。对于历史，卢旺达政府的叙述是为了民族建构和团结的目的关注身份建构。政府叙述强调，在历史上，胡图族和图西族的冲突导致卢旺达人分裂，而社会冲突来自胡图族和图西族的分类，不同种族分类导致无法达到共同理想和共同前进。政府团结政策的核心是消除这种分类而建立一个统一的卢旺达民族理念。

卢旺达政府认为，历史叙述涉及多个不同的历史时期。首先，是前殖民地时期。在德国人(1890—1916)和比利时人(1918—1962)来到卢旺达以前，胡图族、图西族和特瓦族之间的关系和谐。政府反对给胡图族、图西族和特瓦族进行分类，卢旺达政府认为，在前殖民地时期，这些所谓的族群分类表示的是财富和地位标签，其不是固定的，各族群通过婚姻和经济变化可以实现社会流动。图西族主要是养牛，没有养牛而靠农业为生的图西族被看作胡图族。胡图族主要是靠农业为生，但有牛并且靠养牛为生的胡图族被看作图西族。特瓦族靠陶器和打猎为生。有的特瓦人成为图西族，如 Busyete 群体。胡图族和图西族表示拥有不同财富的群体。一个富裕胡图人娶了图西姑娘就改变了族群身份，而贫穷的图西人没有牛就成为胡图族。当时的卢旺达人生活一起，使用共同语言，有相同文化，相互热爱，没有种族区分和冲突，都是国王的子民。同样，位于卢旺达布塔雷(Butare)的卢旺达国家博物馆的介绍说，人们把胡图族、图西族和特瓦族进行不同族群的分类是错误的，因为其所表示的人类不同群体是通过地域、语言、文化和历史区别的。但胡图族、图西族和特瓦族居住在同一个国家，有相同的传统和相同的语言文化。他们通过婚姻关系而使得不同群体高度相似，并且有建立一个统一国家的愿望和意识。所以该博物馆没有出现胡图族、图西族和特瓦族的表述。

官方叙述认为，卢旺达当时的社会不平等仅仅出现在皇家和农民之间。殖民地前的卢旺达是高度中央化的王国，国王来自图西族一个显赫部落。国王通过牛、土地和军队来实施统治。胡图族、图西族和特瓦族之间通过交换劳动而互利。胡图和图西族的这种和平和团结是政府历史叙述的关键,也是政府团结政策的基础和政府希望恢复的状态。

官方叙述认为,在殖民主义时期,德国和比利时殖民者破坏了族群的团结。殖民者根据欧洲种族学界观点,认为是欧洲人类学家"发现"了3种不同的卢旺达人,分别代表非洲的群体种类:属于阿比希尼亚人的图西人,属于班图人的胡图人和属于俾格米人的特瓦人。欧洲学者还建立了所谓的"含米特假设",认为图西族来自北非,胡图族属于班图人种,是本地人。这种族群的划分暗示胡图族和特瓦族是当地土著,而图西族是外来者。这一观点对1994年的种族大屠杀影响极大。为了有利于殖民统治,殖民者将图西族作为优势群体,而胡图族和特瓦族需要服从于图西族。殖民者认为,图西族的优势在于其种族特征,如身相貌体与欧洲人的相似,经济地位(养牛为生)和社会政治地位。卢旺达政府认为,西方殖民者在历史的编写中进行的种族分类与其分而治之的殖民统治策略有巨大关系。

这种殖民政策对卢旺达社会的负面影响表现在社会、政治和经济各方面,殖民统治政策的结果是胡图族长期作为二等公民,只能享受有限的社会经济和教育资源,被排除在政府高级职务外。这一政策不仅强化了图西族的优势地位,也强化了其作为外国人压迫当地人即胡图族和特瓦族的形象,并且导致了图西族是否享有作为公民权利的辩论,导致胡图族和图西族的怨根。

1950年代,当殖民者发现卢旺达社会精英开始寻求独立时,他们就改变了政策。比利时人放弃了对图西族的支持而转向支持胡图人,默许胡图人开始寻求权力和报复图西人,这种对权力的均衡的殖民者分而治之统治政策,从1959年开始一直延续到卢旺达1962年独立。殖民者拥有一切权力,而卢旺达人没有权力,殖民者划分了种族群体,区别了卢旺达人群体，导致了种族的区别。所以，现在卢旺达政府的团结政策就是要消除殖民者带来的这种区别。卢旺达不同族群都是殖民者统治的受害者，这种身份能够使得胡图族和图西族团结起来。

1962年独立后，卢旺达的种族问题依然存在。时任总统卡伊班达(Kayibanda, 1962—1973)实行的团结和身份认同政策目标排斥了图西族，政治话语也将胡图族描述为土著，图西族是外来者。1972年新总统哈比亚利马纳(Habyarimana, 1972—1994)的政策采用了种族人口配额制度，图西人可以进入私人机构，生活情况有所好转，种族矛盾减少，胡图族和图西族通婚增加。但官方文件认为，哈比亚利马纳政府1973年"和平与团结"的目标仅停留在字面而缺乏具体行动。1990年，主要是流亡乌干达的图西人组成的卢旺达解放阵线与政府军爆发内战，种族仇恨加剧。内战持续了4年，卢旺达解放阵线于1994年推翻了哈比亚利马纳政府，掌握了政权。

1990—1994年内战期间，对族群的历史叙述起了重要的煽风点火的作用。大屠杀前夕，卢旺达电台根据对图西人的历史叙述，称其属于不同种族群体，煽动族群敌意。内战和大屠杀后，卢旺达国际罪犯法庭判决卢旺达电台的节目利用了对图西人和胡图人的历史描述，煽动民众对图西人的敌视和屠杀。卢旺达电台台长在2003年被指控参与和煽动大屠杀而被判决反人类罪。2004年，卢旺达总统卡加梅在大屠杀10周年的演讲上说，卢旺达过去100年的历史是卢旺达文化和外来影响互动的复杂产物。在许多方面，卢旺达的大屠杀源于殖民时期，殖民者播下了族群仇恨和分裂的种子。这些影响在1959年以来的种族冲突和内战中显而易见，并且在1994年到达顶峰。

卢旺达民众对历史叙述和影响越来越关注，特别是在一系列会议和公众辩论上，要求对历史进行科学分析，找到真相。2003年，卢旺达首都基加利的和平研究和和平对话研究院(IRDP)举行了研讨会，参加会议的有卢旺达政治家、公民组织领导人和知识分子，一位发言人说:“历史是社会科学领域,但也是自然科学领域。我们的分裂是因为缺乏科学。我们需要考古学而不仅是口述史。口述会被变更。”另外一位发言人说:“历史是事实,有些内容不容更改。我们需要真实。”研讨会涉及历史叙述与身份认同,认为其是“解决卢旺达问题的关键。”一些代表认为,需要科学地解释历史,从而有利于国家重建和社会和谐。

在这种背景下,卢旺达政府给出了官方的历史叙述文本。2004年《民族团结与和谐委员会》的出版物认为,在殖民者到来前,卢旺达民众是团结的,并据此给出两个观点:“第一,导致卢旺达冲突根源的胡图族和图西族并不构成不同的种族,部落和族群。第二,冲突更多是基于政治而非人类学的”。因此,结论是如果卢旺达的冲突起源不是种族、部落和族群的,而是政治的,那么,就可以解构这种历史叙述而促进团结。也就是说,如果冲突的起源与历史叙述相关,就可以对该历史叙述进行解构。卢旺达政府文件《卢旺达人的团结》(*Unity of Rwandans*)认为:对于图西族、胡图族和特瓦族的起源和社会关系,人们有很多不同观点。但卢旺达人应该明白,将自己禁锢在图西族、胡图和特瓦族的身份是发展的大忌。……重要的是要和平相处,为了国家的发展共同努力,这样,卢旺达人才能够处理和解决共同的问题。同样,卢旺达政府一位部长在2003年说:卢旺达所经历的历史过程形成了不同观点的派系,使得有的卢旺达人被排他性思维禁锢。这样就难以形成社会发展需要的合作关系。需要思想家、作家、媒体、民间传说和政府合作来促进民族解放过程,形成促进民族团结的文化。

为此目标,政府启动了一系列项目,而历史教学居突出地位。卢旺达国家课程开发主任的报告认为:教育,特别是课程政策的变化应该是服务于国家优先目标,让卢旺达人民具有安全感,促进民族团结和社会发展的积极价值观;促进和平,团结和和谐;促进教育,能力建设和人力资源发展，具备教育的基本技能。

教育的成功离不开高层的政治意愿和领导。政府的目标是对教育目标和原则进行重新修订，通过和平、团结和和谐实现民族身份认同和政策制定，并且建立有力的机构来避免未来的冲突。

在这样的背景下，对历史的解释，历史的教学和课程开发是一个巨大挑战，因为在大屠杀前，历史课程内容的根据是殖民者对图西族、胡图族和特瓦族起源的历史叙述，突出了土著与外来者的不同和族群差异。在教育领域，这一观点导致了学校的族群隔离现象，如学生身份标签凸显出种族身份，强化了族群分裂，导致了课堂内外的矛盾和冲突。人们普遍认为，这种教育的方法和结果强调的是人类差异而非相似和个体责任，教育的内容和过程强调社会差异，直接和间接导致了卢旺达的内战和 1994 年的大屠杀。联合国教科文组织的报告也认为，学校的族群、地域和性别不平等是社会分裂的另一个形式，这种教育传达的信息是煽动种族敌意和社会分裂。

1994 年后，卢旺达课程内容改革包括消除反映种族身份的殖民话语，并且召开了一系列会议，讨论卢旺达历史课程的教学和教材。1995 年 4 月，在卢旺达首都基加利召开的会议提出建议，给出历史教学的教学指南。来自卢旺达国立大学和科学技术研究学院的学者开始“反思过程”，着手修改卢旺达的历史叙述。1998 年 10 月，在首都基加利召开的会议建议公民教育回归传统的卢旺达价值观，并且“为制定卢旺达历史的科学真相建立正式的论坛”。1998 年 11 月，在卢旺达国立大学召开的会议讨论了 1959 年的政治变迁。1999 年的一次会议讨论了 1959 年至 1962 年的卢旺达政治变迁，会议提出系列建议，包括建立一个全国委员会修改卢旺达的历史叙述，该委员会在《民族团结与和谐委员会》和卢旺达国立大学历史系指导下开展工作；构建作为教材蓝本的卢旺达历史和培训历史老师。2006 年，来自国外大学和机构的学者和与来自卢旺达教育、科学、技术和科学研究部（MINE-

DUC))的卢旺达学者合作，为中学老师编辑了《卢旺达历史教学》(*Teaching of History of Rwanda*)一书，其设计的参与性方法作为了历史教学的指南。

因为涉及种族问题和不同的解释，卢旺达老师对历史课程教学存在顾虑。有学者批评说，历史教学的停滞是错误的，因为学生没有受到文化价值、社会发展和经济实践的教育，学校应该开展教学历史，但需要避免有争议的时期。事实上，尽管没有国家历史课程大纲，卢旺达不同学校以不同方式教授历史，也有的学校的历史教学在非洲和世界史部分删除了与卢旺达相关的部分或者删除了敏感部分，而有的学校的历史教学还在使用老方法和容易引起争论的教科书。卢旺达议会的专门委员会调查发现，一个重要的现象是，尽管大多数学校没有正式历史教学课程，但家长、家庭和社区通过非正式方式告诉孩子们历史知识，这些不同版本的叙述给出不同群体在当今社会的不同经历和不同作用。因此，为了给出正确引导，政府和非政府组织开发了各种项目，如短期的公民教育课程和公民课手册。

尽管历史教学课程改革出现停滞，但卢旺达政府通过公民教育营地以不同方式教授成年人历史。这种营地在 1996 年建立，学习者包括前胡图族士兵以及回归者。后来，营地学员扩大到包括大中学生。从 2002 年起，特别是 2003 年总统系列赦免后，营地成为被释放的囚犯回归社会前的强制教育营地。今天，小商贩、社区领导人、残疾人和大屠杀幸存者也参与学习。2006 年，所有大学教师和行政人员促进培训，因为他们对国家重建和对民族和谐的作用非常重要，卢旺达大学校长说，我们需要领导力培训，我们需要培训营地，因为我们是作为未来领导人的培训者。他说，作为教育机构的负责人，我们也需要相互了解，理解政府政策。

每年大约 3 000 学员参加了该教育营地培训，培训的时间为 2～4 个月。营地一般能一次接受 300～400 人参加培训，但有时参加培训的学员多达 1 800 人。在一个当时人口大约 900 万人的国家,公民教育营地产生了巨大的影响,对对参与者的信念,态度和行为产生了直接影响。

公民教育营地的培训包括 5 个主题:①分析卢旺达的问题;②卢旺达历史;③卢旺达和非洲的政治、社会经济问题;④权利、义务和责任;⑤领导力。这样,公民教育营地给大量成年人传播了历史。

对于官方的历史叙述和种族起源,学术界根据本质论和社会建构论进行了区分。本质论认为胡图和图西是不同种族,有不同的起源和历史,有不同道德观和种族特征。社会建构论强调胡图族和图西族的区别是殖民者杜撰和分而治之的结果。还有一种观点认为,种族身份的出现是在 17 世纪后半期。图西族身份最初表示政治精英,农民群休不是称作胡图族,而是按照地区划分的身份。因此,权势而非移民或者文化才是区分身份的主要标准。这种观点认为,德国和比利时殖民者到来前,卢旺达社会并非完全是和平和团结的,也不是没有暴力和族群冲突。相反,在 19 世纪后半叶,卢旺达国王和贵族的剥削让卢旺达人生活困难,特别是对农民的税收影响到农民和牧民,因为胡图人和图西族都受到剥削。国王对自治的当地谱系联系强加了统治和规则,结果让图西和胡图成为政治标签,播下了不平等的种子。种族"ethnicity"变得在社会政治上非常重要,标记了一个人的社会政治机会和与政府的关系。3 个族群间存在的社会流动性在 1860 年后越来越减少。这一观点表明,在殖民者到来之前就存在社会紧张和族群矛盾,但这些社会紧张和族群矛盾是殖民者到来后激化的。欧洲殖民者到达之后采纳的中央集权方式,依靠当地的社会组织和结构,操纵种族矛盾,从而满足其殖民统治目标。这一观点与殖民者持有的本质论观点有区别,本质论认为卢旺达族群是不同族群的迁移;也与社会建构论观点有别,社会建构论认为族群的分类是殖民者杜撰的。

目前政府的历史叙述和解释需要消除模棱两可的解读。尽管对历史叙述存在争议，但政府继续传播其历史解释和相关的团结政策。政府《民族团结和和谐委员会》通过公民教育营地教育民众，寻求团结因素和制定促进卢旺达持久和平的策略。《民族团结和和谐委员会》颁布了一系列促进卢旺达团结，叙述国家历史进程的文件，该委员会还通过公民教育项目开展活动，包括歌唱比赛、体育比赛、培训材料、年轻人剧场、诗歌、卡通和广播，《民族团结和和谐委员会》是传播历史叙述的一个有效工具。卢旺达政府坚持官方历史叙述的正确性，对分裂主义的言行严加取缔，在 2002 年的《刑法》中添加了对分裂主义的定义："任何分裂人民，导致人民的冲突，或者导致因为歧视引起的暴乱和冲突的言语，书面语言或者行为。"2002 年的法律规定：任何个人通过广播、电视、会议和公共场所的公共言语、写作、图画、标识和符号，目的是歧视他人，散布分裂，将被判刑 1～5 年，罚款 500 000～2 000 000 卢旺达法郎(1 000～4 000 美元)。公共话语禁止使用"胡图""图西"和"特瓦"字眼，违反规定的个人、报刊、政党、非政府机构和国际组织会受到处罚。官方认为，"胡图""图西"和"特瓦"等字眼是分裂主义的关键，种族身份是殖民者杜撰和强加的。

政府的工作是消除种族差异和促进民族团结，政府提出：卢旺达人是集体的民族身份，该观点影响和强制了卢旺达人的自我认同。《民族团结和和谐委员会》认为，重建包容的和谐的民族身份：卢旺达人，是有效公民身份的重要指标。

历史叙述是导致卢旺达过去分裂的主要原因之一，如果卢旺达在共同历史和社会群体地位上具有某种共识，或许就能够避免冲突。今天，尽管对历史"真实版本"依然有争议，但促进民族团结和和谐是人们的共识。

有学者认为，要实现民族团结和和谐，避免未来的冲突，需要一个更加符合现实的历史叙述，让社会所有成员能够认识自己。另外，除了强调民族整体性外，还应该容忍不同群体的不同意见。历史总是存在着在个人经历和叙述之间，叙述本身和被叙述者之间的辩证关系，人们根据经历形成生活叙述，而身份被叙述所塑造，同时是自我叙述，也是来自生活的叙述的产品。这需要建立更广泛一致的历史叙述，让不同的身份和群体寻求某种共识，促进民族团结，最终达到卢旺达人是所有人的集体身份的目标。

第三章 卢旺达旅游业的多样化发展

卢旺达的旅游业在很大程度上是依赖大猩猩吸引外国旅游者，在1994年内战和大屠杀后，卢旺达政府进行了旅游业多样化的改革，希望在保持国际旅游的同时发展国内旅游，包括促进文化旅游。

世界旅游组织（World Tourism Organization）在21世纪初预测，在20年内，国内旅游将在多个发展中国家快速发展，特别是中国、印度、泰国、巴西和墨西哥等国家，这些国家的国内旅游已经构成了重要的经济增长点。许多发展中国家的旅游，包括休闲、朝圣和商贸的旅游已经不限于上层阶层，开始从中产阶层扩大到下中产阶层。国内旅游兴起的原因是中产阶层的出现，相对富裕和可支配收入增长，以及日益增强的旅游意愿。世界旅游组织预测，国内旅游的人数将是“国际旅游人数的10倍”。因此，各国旅游政策制定者更加关注国内旅游的发展规划和将带来的收益。

在全世界，国内旅游占整个旅游业的80%（Neto，2002：2），但因为需要外币，大多数发展中国家更重视国际旅游，同样，许多非洲国家的旅游发展规划也偏向国际旅游而忽略了地区和国内旅游（Ghimire，2001）。尽管非洲国家的国际旅游日益发展，但发展国内旅游能够给多变的旅游行业带来稳定的收入，从而建立更加可持续的发展路径。肯尼亚旅游和野生动物部部长就表示，国内旅游构成了国际旅游的坚强基石，它消除了季节性空缺，给就业带来更多稳定的岗位，这与政府扶贫和创造财富的目标是一致的，有利于促进社会和谐。国际旅游尽管带来大笔外汇收入，但其受到季节影响，容易出现不稳定和变化，给旅游行业从业人员的工作稳定和收入造成威胁。通过对国家旅游经济的多样化改革，国内旅游可以弥补国际旅游的这些变化。

在1990—1994年内战和大屠杀期间，卢旺达社会经济，包括旅游业陷入停滞。在实现和平稳定后，卢旺达政府认识到旅游业是经济发展，创造就业机会和维系经济稳定的助推器，政府开始发展旅游业，特别是自2001年以来，加大了支持旅游业发展的力度。不过，与其他非洲国家一样，卢旺达重点是发展国际旅游业，特别是"大猩猩旅游"项目，近年来，卢旺达开始重视国际和国内旅游业的同步发展，希望建设为非洲独特的旅游目的地，并且与肯尼亚和坦桑尼亚那些已经享誉世界的旅游目的地一争高下。

卢旺达旅游业的发展和旅游政策离不开其社会和自然状况。卢旺达是一个内陆国家，自然资源和矿产不多。国土面积为26 338平方千米，人口1 200万人，是非洲人口密度最高的国家，40%左右的人口生活在贫困线以下，也是世界上最贫困的国家之一。大约91%的人口以务农为生，土地是宝贵的自然资源，对土地的需求超过其他需求。

1994年以后，卢旺达面临国家经济重建的艰巨任务。政府的经济改革政策促进了经济特别是农业的增长，2005年，农业产出占GDP的41.6%。尽管卢旺达依然依赖外部援助来满足其发展需求，但其在恢复和发展经济上已经取得巨大的成就，是非洲经济增长最快的国家之一。不过，卢旺达的贫困程度依然很高，政府的主要任务是寻求新的扶贫渠道，而旅游业具备了促进经济发展和扶贫的潜力。

卢旺达的旅游业主要依靠国内独特的自然资源，主要景点是3个国家公园：位于卢旺达西北部维龙加山脉的火山国家公园，那里是著名的珍稀动物山地大猩猩的栖息地；纽格威国家公园，那里有茂密的热带雨林，栖息着多种鸟类和珍稀的金丝猴，是徒步旅游的胜地；位于东北部的阿卡盖拉国家公园，那里是典型的非洲大草原风景，有温热的气候、森林和草地。从1990年起，为了更好地保护和开发，这3个公园归属于卢旺达旅游和国家公园管理办公室管辖(ORTPN)。这3

个国家公园一直是卢旺达的主要旅游目的地。

卢旺达旅游起步于20世纪早期，卢旺达的奇花异草、各种灵长目动物，特别是珍稀的山地黑猩猩吸引了博物学家、科学家和动物学家的关注 。1925年，卢旺达建立了阿尔伯塔国家公园，1962年独立后改名为火山国家公园。该公园位于维龙加火山山脉，是研究山地黑猩猩的主要地点，政府为旅游和研究而保留了该公园享誉全球的特色。多年来，这里实施了多个研究项目来促进环境保护。动物学家黛安·福西从1967年开始持续对卢旺达黑猩猩进行研究，她的工作在1988年被拍成电影《迷雾森林十八年》(*Gorillas in the Mist*)，使得全球目光关注黑猩猩的命运，也带来观看黑猩猩的旅游热。

30年来，山地黑猩猩成为卢旺达最吸引游客的旅游财富，在世界上仅存的700来只黑猩猩中，有1/3生活在卢旺达。在20世纪90年代初期，观看黑猩猩的旅游贡献了全国旅游收入的75%。到2004年，则增加到93%(ORTPN，2005c:3)。黑猩猩已经成为卢旺达国宝，其形象印刷在钞票上和国有大公司和组织的宣传材料上。卢旺达旅游和国家公园管理办公室2005年的报告说："黑猩猩确实起到了促进卢旺达正面形象的根本作用，在国际舞台上成了提高卢旺达形象的大使。"另外，越来越多的国际旅游者慕名前来观看黑猩猩而促进了旅游业的增长，因此，保护黑猩猩的栖息地是卢旺达旅游业的头等大事。

1984年是卢旺达国际旅游的旺季，旅游者数量达到39 000人。在1983—1988年期间，卢旺达的年均国际旅游者数量保持稳定，大约为35 000 人。大屠杀给卢旺达的旅游业带来毁灭性破坏，只是到2000年起，国际旅游者数量才开始出现正增长。2004年的国际旅游者数量达到20 000人，接近1984年的一半。

2001年以来，卢旺达政府提出了几个优先发展的经济领域。卢旺达扶贫战略报告强调了需要"发展其他促进增长的手段和改革经济"，其包括"鼓励旅游业发展"(Government of Rwanda，2002:9)。通过卢旺达国家创新和竞争力项目,2001 年推出了国家旅游战略,该战略给出了旅游业发展的长远目标,提出了促进卢旺达旅游业的几个举措。为了实施国家旅游战略,来自私立和国有领域的代表组成了卢旺达旅游工作组(TWG)。该工作组对卢旺达旅游业给出的具体目标是:“在2010 年获得一亿美元收入,或者国际旅游者人数达到 7 万名,创造具有高价值的和低环境影响的旅游经历”。

在 2003—2004 年期间,3 个国家公园游客人数增长 39%,收入增长 42%。不过,仅靠黑猩猩旅游难以支撑旅游业的可持续发展,为此,卢旺达旅游和国家公园管理办公室建议卢旺达“需要从关注黑猩猩的唯一模式解脱”(ORTPN, 2005b:1),并且提出了卢旺达旅游业开始向所有旅游者提供多样化的旅游经历的转变。

2003 年 10 月,卢旺达旅游和国家公园管理办公室和卢旺达旅游工作组在首都基加利开展了一系列国家旅游宣传活动,向大众宣传旅游业的最新进展和发展方向。卢旺达总统和多位部长出席了该活动。该活动的目的是向公众宣告,在内战和大屠杀后,“旅游业重新崛起。卢旺达的未来和旅游业的未来是光明的。”2003 年,卢旺达旅游和国家公园管理办公室聘用了营销和公关公司为旅游业进行营销。这些公司在欧洲各国以及世界旅游市场大会展开宣传并且进行营销。这些努力给全世界传送了这样的信息,即卢旺达将给全世界旅游者带来独一无二的的旅游经历。卢旺达旅游业的多元化措施是保持国家公园的主要旅游点地位,同时开辟其他的自然和文化景点,以保证国际旅游的增长,展现卢旺达旅游的多元化。

2006 年 2 月,卢旺达商业、工业、投资,旅游和合作部发布了卢旺达国家旅游政策,重点是“促进旅游,改善旅游景点,开发旅游基础设施,促进宾馆和服务业的创业精神”(Government of Rwanda, 2006:6)。这份文件是卢旺达第一份国家旅游政策文本,该文本宣布将与联合国世界旅游组织合作“开发振兴旅游业行动计划”(Government of

Rwanda，2006：6）。制定旅游政策和给出特定的发展目标是促进旅游业发展的一个重要步骤，以保证“旅游行业能够发掘潜力，利用国家的自然和文化资源”(Government of Rwanda，2006：14)。

显然，1994 年以来卢旺达旅游业的增长和发展面临多个挑战。旅游业能够在卢旺达经济重建中发挥重要作用，包括增加收入和创造就业机会。目前，卢旺达旅游业的对象是国际旅游者，争取获得更多急需的外汇，这在实现其行业的目标上是成功的。2006 年的旅游政策是鼓励“高端生态旅游”，占据国际旅游更大份额（Government of Rwanda，2006）。该政策也提出，依赖单一市场对未来发展不利，需要重视开辟国内旅游，但“卢旺达公民和外国居住者还没有能够获得相似的旅游经历，因为缺乏旅游文化、足够的信息和经济局限”（Government of Rwanda，2006：20）。所以，卢旺达旅游业要发挥更大的经济作用，必须要鼓励国内旅游，其发展将有力地支持卢旺达旅游业和整个国民经济发展。

目前，卢旺达是在发展面向外国人的黑猩猩旅游的同时发展国内旅游业。对于许多非洲国家的中产阶层来说，休闲旅游依然显得比较奢侈。2005 年对卢旺达政府官员、旅游从业人员、酒店经理等涉及旅游的从业人员进行的调查表明，对卢旺达国内旅游的需求有助于培养旅游意识和文化，并且有助于旅游业的可持续发展。被调查者认为，卢旺达的旅游产品已经能够满足国内旅游者需求，不过需要采取措施开发新的旅游资源以扩大国内市场。

在落实卢旺达国家旅游战略中，旅游业面临两个挑战。第一个是旅游业负责人需要改变观念和态度。第二个挑战是为了达成共识而成立了卢旺达旅游工作组，工作组对旅游业在卢旺达的发展和作用提出了新的视觉。但 2001 的旅游发展战略对此强调不多。接受调查者表示，卢旺达旅游业“尚属于起步阶段”，尽管促进国内旅游也是国家旅游战略的一部分，但是国际旅游还是重点和优先项。他们认为，卢旺达的旅游是外向的，但如果没有卢旺达民众参与国内旅游，将来的可持续发展会成为问题。

不过，从 2004 年开始，卢旺达民众已经显示出了对国内旅游的热情。卢旺达旅游和国家公园管理办公室为促进旅游业和宣传新的旅游战略，参与了多个地方组织的活动，鼓励卢旺达民众参与国内旅游。目前，卢旺达民众参与国内旅游的热情逐步高涨，人们愿意在国内旅游上投入时间和金钱，卢旺达旅游业也正努力抓住这个机会。总之，促进卢旺达国内旅游的好处是：增强民族自豪感，提供更好的国际旅游服务，增加酒店和餐饮收入，创造更多就业机会，鼓励对旅游业的投入，包含对当地历史文化遗产的投入，开发更多旅游产品。

卢旺达国内旅游的供给侧目标对准了这样几个群体：旅居国外的卢旺达侨民，富裕家庭和学生。这就是说，国内旅游的推广和促销策略必须根据目标群体的不同而有别。在这方面，卢旺达旅游业做了许多工作，例如，旅居国外的卢旺达侨民更像外国旅游者，他们喜欢了解卢旺达的方方面面，参与各种旅游经历（如徒步观赏黑猩猩）。政府机构如卢旺达旅游和国家公园管理办公室推出了很多旅游产品，旅游业也开始向公众大力推销。

卢旺达旅游和国家公园管理办公室在 2004—2005 年期间参与和组织了一系列旅游促进活动，包括 2004 年 10 月的旅游意识推广活动，目标群体是中小学生，有 1 300 名中小学生参观了国家公园。同年，卢旺达旅游和国家公园管理办公室呼吁教育部将旅游和环境保护列入学校课程，并且拨款支持现有的职业培训学校。2005 年，推出了首都基加利都市旅游项目，目标群体是商务旅游者和本地群众。为当地旅游者举办了文化展览活动，包括重建历史遗迹的筹款活动。在 2005 年，卢旺达旅游和国家公园管理办公室参与的一系列旅游促进活动包括向当地群众提供旅游信息，赞助体育赛事，黑猩猩命名活动，广播电视转播的当地社区活动，与私立旅游业机构合作宣传旅游。这一系列宣传活动收到良好效果。旅游业组织希望政府给予更多支持,与政府机构更密切合作,才能更好地实施政府的旅游发展战略。

卢旺达国内旅游发展的一个障碍是缺乏信息。公众参与旅游的前提是要清楚旅游业的现状,而且,国内旅游发展和信息必须针对特定的目标群体,还要应对可能的挑战。卢旺达国内旅游增长的一个挑战是卢旺达有很大比例的人口生活在贫困线下。2006年的国家统计局数据表明,从2001—2006年,生活在贫困线以下的人口从60.4%下降到56.9%,2014年下降到40%左右。另外,90%的贫困人口在农村地区,而且很多居住在卢旺达的著名景点附近。

旅居国外的卢旺达侨民是发展卢旺达旅游的重要目标群体,这个群体会鼓励他们生活在国外的朋友和家人到卢旺达旅游,但是需要重视对他们的宣传。例如,卢旺达侨民认为他们的公园旅游收费不应该和外国游客一样,卢旺达旅游和国家公园管理办公室为此推出了"参观黑猩猩"年票,通过各种手段进行了宣传。在一系列国际会议上,例如2005年在美国休斯顿召开的第二届卢旺达年度会议和卢旺达首都基加利召开的卢旺达侨民全球会议都提到这个群体的重要性。这些会议特别关注卢旺达的旅游,并且邀请了卢旺达旅游和国家公园管理办公室代表出席。居住在国外的卢旺达人越来越愿意回到卢旺达旅行和投资。这些会议提供了市场发展的机会,而首都基加利越来越多的会议也促进了商务旅游发展和对酒店的投资。

广播和各种活动是向当地民众推广旅游的最好方式,也值得旅游业对此加以利用。作为发展中国家,大多数卢旺达人尚不具备休闲旅游的能力,因此,这也是旅游业对该群体重视不够的原因。要培育一种旅游文化,鼓励公众参与旅游,必要的第一步是让人民清楚旅游的重要性。旅游业的任务是在促进国内旅游的活动中鼓励卢旺达人欣赏、喜爱和了解自己的国家的文化,了解自己国家的美好自然风光和生物的丰富性。这种知识和欣赏能够转化为保护卢旺达旅游资源的共同行动,民众更加了解在生物多样化保护中自己应该发挥的作用。除了提高民众的旅游重要性的意识,还应该让民众了解旅游行业带来的就业机会和经济好处。目前,卢旺达的旅游培训学校和机构不能满足旅游行业的需求,需要政府和企业加大培训投入,让更多的人参与旅游业。目前,有许多卢旺达人不尊重旅游行业的工作岗位,特别是旅游业的服务型工作,这种对旅游业的概念也需要改变,需要强调旅游业的工作值得尊敬,能够让人们增加收入,不过,改变观念通常需要很长的时间。

最后是一个人数不多但正日益扩大的国内群体,他们有时间和经济能力参加休闲旅游,其中的很多人会到旅行社询问适合他们的国内旅游项目。2004 年,参观阿卡盖拉国家公园的游客中有 40%是国内游客。他们有旅游意愿和能力,是未来可开发的市场。还有一部分卢旺达人有参与旅游的经济能力,但是他们不愿旅游或者没有足够的信息了解适合他们的旅游项目。还有许多人认为旅游是外国人的事,旅游的价格和经历超出了他们的承受范围,旅游产品是为外国旅游者制作的。

国内旅游业发展的另一个挑战是需要恰当的旅游产品。有的卢旺达游客喜欢欣赏大自然的旅游项目和参观国家公园,但更多的游客喜欢文化旅游项目和休闲。现有的旅游产品能够吸引潜在的国内游客,但还需要推出如周末的湖畔旅游项目。国内游客对更加放松和观赏野生动物的阿卡盖拉国家公园和基伍湖地区表现出强烈兴趣,但是目前这些地区旅游项目不多,例如缺乏游艇和水上娱乐项目。旅游文化发展也需要加强,旅游产品和促进旅游文化需要齐头并进。

卢旺达促进旅游业的发展还需要明确发展的目的。尽管目前大多数卢旺达人不具备旅游的意识或者能力,但是,国内旅游能够促进就业和提高农村人口生活水平。卢旺达国内旅游项目还不仅是旅游,还涉及民族自豪和尊严,卢旺达政府致力于构建一个"一个民族,一个国家，一种文化”的国家，旅游有利于让人们认到他们在国家重建的作用和热爱自己的祖国。

在卢旺达的国家重建和恢复的过程中，国内旅游可以发挥促进民族团结和和谐的重要作用。促进卢旺达的文化旅游是吸引国内游客的最佳方法，因为新一代卢旺达人需要了解自己的文化。另外，旅游能够让卢旺达民众接触和了解外国文化，让当地民众了解世界，从而促进国际交往和友谊，展望他们生活中更加美好的未来。在提高民众的旅游参与意识和发展国内旅游业的过程中，民众参与程度越高，卢旺达旅游业长期可持续发展的机遇就越大。

在发展中国家，随着中产阶层的扩大，开发国内旅游的潜能得到越来越多的关注。非洲旅游业可持续发展的规划曾经忽略了非洲国内旅游的作用，在促进国际旅游的同时，也应该促进国内旅游的发展，进而促进旅游业的整体可持续发展，同样，卢旺达的国内旅游可以促进经济、社会和政治的发展。经济上可以创造更多就业机会，保持旅游业的整体可持续发展。增强旅游文化建设可以促进国内旅游经济，包括当地产品和服务、景点收入和酒店收入。在社会层面，发展旅游文化可以向卢旺达民众打开新的窗口，与国内外游客交往并且获得新的经历。在政治上，发展国内旅游有助于让卢旺达民众获得祖国的美好和独特性的集体经历。这些都有利于治愈战争和大屠杀带来的创伤，实现民族团结和和谐的目标。

第四章　卢旺达广播娱乐节目与环境保护

卢旺达是人口密集地区，为了发展旅游业和保护山地大猩猩，卢旺达从2007年到2009年8月播出了广播系列剧《卢旺达的美好未来》，播出收到良好的效果。

卢旺达社会经济面临的一系列挑战包括快速的人口增长、艾滋病以及环境保护。《卢旺达的美好未来》这部312集的广播剧在2007年4月到2009年8月期间播放，旨在激发公众对于生殖健康、艾滋病、野生动物栖息地保护和和谐社会等话题的关注和讨论。该节目极大地影响了听众，显著表现在理想家庭的子女规模缩小。在基础调查时期，所有参与调查者的平均理想子女人数为3.61(女性为3.73人，男性为3.44人)，在最终调查里，这个数据急剧下降至2.94(女性3.02人，男性2.81人)。

卢旺达社会经济所面临的复杂问题源自20世纪90年代的内战冲突。作为世界上最贫困的国家之一，2011年，90%的卢旺达居民每日生活费低于2美元。2011年，卢旺达人口为1 090万人，平均年增长2.1%，按照这种增速，人口将于33年后翻倍。在2025年，预计人口将达到1 530万人，随后在2050年达到难以置信的2 310万人。卢旺达女性的总生育率，即一个女性育龄期生育的孩子数量在过去几十年里出现下降，从1990年的7.6减少到2009年的5.9，2011年的大约4.6。这主要归结于90年代早期推广的家庭节育方法。1992年进行的人口统计和健康调查发现，13%的已婚妇女使用了现代避孕方法。这个数字在2000年骤跌到4%，主要是因为1994年的大屠杀，但在2005年又恢复到10%。根据2011年的人口调查，有45%的已婚妇女使用现代避孕方法。

虽然使用避孕方法的女性数量在最近有所上升，卢旺达仍然是全球人口最密集的国家之一，尽管卢旺达总人口小于其他非洲国家，但人口密度却是非洲大陆最高的，并且部分地导致了贫穷和环境恶化。卢旺达每平方千米有415人，91%的卢旺达人口从事农业并且依靠土地产出为生，由于人口压力，农场的平均规模由1991年的2.5公顷下降到了2000年的1.75公顷。

联合国世界粮食项目2011年预计，至少28%的卢旺达家庭处于食品短缺状况，另外24%的家庭抵御食品短缺风险的能力非常脆弱。快速的人口增长和食物短缺造成环境恶化，包括坡地耕种带来的土壤侵蚀；水源的污染和沉积；人类居住地扩展造成森林、保护区面积和生物多样性的减少。栖息地的破坏使得山地大猩猩、黑猩猩、红毛猩猩和许多种类的小型猴子濒临灭绝。野外生活的山地大猩猩主要栖息在卢旺达、乌干达和刚果共和国的热带雨林。环境保护组织把丧失栖息地作为野生动物最大的威胁。尽管山地大猩猩栖息地位于卢旺达、乌干达和刚果的国家公园动物保护区，很多本地人还是进入这些区域砍伐木材、种植庄稼和打猎。2002年的调查显示，卢旺达西北的鲁亨盖里地区99.8%的人口使用木材或者木炭做饭。

卢旺达鲁亨盖里地区包括火山国家公园和山地大猩猩的栖息地周围的区域。地区的其他森林几乎都消失了，原因包括使用木材做饭、取暖或者是开辟为耕地。在国家火山公园附近，人口的密度大于每平方千米500人。自从火山国家公园1925年建立以来，其面积已经减少了65%。火山国家公园最初覆盖面积包括34 000公顷森林，现在已经只剩12 000公顷。2010年的调查，其他的国家公园，包括阿卡盖拉国家公园和非洲最大的物种多样化森林纽格威国家森林保护区，也由于人口增长、砍伐森林和土地侵蚀而实际面积缩小。

卢旺达没有被人为损坏的大自然区域就在保护区内。火山国家公园仅占卢旺达国土面积的 0.6%,但储蓄了整个国家大约 10%的水资源,并保护大量土地不被流失,维系了卢旺达大约 30%的人口的农业活动。此外,这些公园的旅游业,特别是火山国家公园和山地大猩猩,给大量的人口提供就业机会,成为国家收入一个重要部分。失去森林和山地大猩猩,卢旺达人民的生活会受到很大影响。

为了应对人口快速增长、环境恶化和大猩猩失去栖息地这一系列问题,大众媒体中心播放了广播剧《卢旺达的美好未来》。这个广播剧有 312 集,每集 15 分钟,用基尼亚卢旺达语向全国播放。广播剧《卢旺达的美好未来》使用了娱乐教育这种特别的方法制作,主要特征是不同的人物塑造。精心设计的媒体人物成为听众的榜样,鼓励他们选择更好的行为,抛弃不好的行为。

为让听众接受教育和学习,该广播剧的人物包括 3 种类型的角色,前两类是正面的和负面的人物,他们做出了正面和负面的行为,出于教育的目的,不同行为分别受到奖励或者惩罚。各个角色的基本特点在系列剧里没有改变,他们都总是被奖励或者被惩罚。第三种类型是渐变角色,他们既不是正面也不是负面,而是居中角色。这些渐变角色在系列剧中占据一个非常重要的位置,他们代表了听众这一目标群体。这些渐变角色的行为逐渐向正面方向发展,这也是希望听众学习后出现的行为改变。广播剧《卢旺达的美好未来》以 4 个主要的故事情节为中心展开,一个是关于偏远地区一个叫恩德雷玛的农民的故事,他是一个渐变角色。恩德雷玛住在一个叫塔拉玛的村庄,位于大猩猩栖息地森林的边缘。恩德雷玛 30 岁,有 6 个年幼的孩子。随着家庭人口的增加,他那块小小的耕地已经不能维持全家的生活,他的妻子和孩子患上了营养不良。

为了养家糊口,恩德雷玛不顾一切开垦了一片他家旁的森林土地,然后种上了庄稼,他丝毫没有考虑过他这样做对环境的影响。这片新开垦的土地位于他家房屋上方陡峭的斜坡上，随着土壤的逐渐流失，他在斜坡下面的庄稼也被破坏了。绝望中的恩德雷玛继续砍伐森林，焚烧灌木，希望开拓更多的土地。但森林大火最终失控并且烧毁了他的房子。在万般无奈中，恩德雷玛接受了一个无良商人的花言巧语，准备设陷阱捕捉大猩猩卖到动物园。当恩德雷玛铤而走险去抓大猩猩时，他掉进陷阱并且失去了一只脚。最终，在他15岁邻居里奥迪亚（一个正面角色）的帮助下，恩德雷玛意识到他的错误，并且找到了一个照顾家庭并保护环境的两全之策。

为了通过数据收集分析节目播出的效果，在知识、态度和行为方面对目标听众的影响，研究者在以下地点进行了调查：①计划生育和生育健康诊所；②政府的树苗购买网点。在广播播出之前进行了基础调查，然后在节目播出结束后进行了最终调查。对最终调查结果和基础调查结果进行了比较，以确定广播剧播出期间在知识或行为上的变化。最终调查包括了确定听众身份，区别听众和非听众，这个节目的影响。研究者也通过听众讨论组对节目进行了评估，调查听众从节目中学习了什么，他们是否在收听节目后在行为上做出了改变，这个节目对他们生活的影响。一些听众同时也参加了绘图问答，他们画的图以视觉形式呈现出广播剧是如何改变了他们的生活。

从2008年11月和12月，一共采访了299个人，这些人在诊所寻求有关计划生育，艾滋病测试和预防艾滋病病毒母婴传播的帮助。他们的年龄在15～49岁，71％的女性和29％的男性。受访者回答说收音机（44.1％）是关于医疗卫生最普遍的信息来源。在性别上，更多男性是通过收音机了解到这些服务的（49.4％），而女性是42％。医疗卫生和健康工作者是信息来源的第二位，为35.5％，紧随其后的是来自配偶的信息（9.7％）。

调查的其他重要发现是：来卫生中心和医院寻求健康服务的受访者中，超过半数（57％）的受访者说他们收听过广播系列剧《卢旺达的美好未来》；当问到听过这个节目后他们采取了什么行动时，几乎一半(49%)的受访者回答他们和配偶讨论过计划生育，大约39%的人说他们接受了广播剧节目中计划生育的建议。当问到他们从计划生育节目中学到了什么时，接近一半(45%)的受访者说他们决定要使用计划生育的方法。大多数的受访者(87%)说他们“非常满意”或者“满意”这个广播剧节目的内容。

2009年6月，在5个卫生机构对432个受访者中进行了最后一次调查，目的是判断有多少受访者是在收听了广播剧节目后来医疗卫生和健康服务中心寻求帮助的，结果显示，有15%的受访者是因为收听了广播系列剧《卢旺达的美好未来》后来寻求医疗卫生和健康服务的。

为了解决农用地的水土保护问题，卢旺达政府开展了植树造林活动，并且设立了一个植树节，国家经营的许多苗圃可以提供树种。广播系列剧《卢旺达的美好未来》为此编制了节目，节目中的角色自己在农场种树以加强水土保护，并且鼓励其他的人也这么做。调查发现11%的人在收听广播剧节目期间和广播剧节目播出后购买了树种。

2007年1月，卢旺达首都基加利的一家独立研究公司进行了基础调查，并建立了基准信息和指标，作为广播剧节目的进度和影响的规划评估。调查随机选择了427户家庭，39%的是城市家庭，61%的是农村家庭。在这些家庭中确定了819个采访者。这个基础调查的对象包括58.3%的女性，年龄在15～49岁，平均年龄29.3岁；41.7%的男性，年纪在15～50岁，平均年龄31.5岁。在教育方面，14%的人没有接受过教育，59%的人是小学学历，27%的人有职业教育、中学或者大学学历。

在2009年9月最后一季广播剧结束后，该公司进行了最终调查来判断广播系列剧《卢旺达的美好未来》在各项指标上产生的影响。最终调查对象有1 097人，其中59.2%是女性，年龄在15～59岁，平均年龄29.7岁；40.8%是男性，年龄在15～59岁，平均年龄33岁。

地区上，24％的人来自城市，76％的来自农村。教育上，14％的没有受过教育，69％的人是小学文化，17％人有职业教育、中学或者大学文凭。

评估结果显示，广播系列剧《卢旺达的美好未来》节目在卢旺达非常流行。在最初和最终的调查中，很多数据发生了变化，包括听众也有很大的不同，主要是人口特征变量包括性别、地区和教育。最终调查表明，37％的人听了广播剧一遍以上，男性听众为 44％，女性听众为 33％。未婚的听众群体为 40％，高于已婚听众群体的 35％。年龄在 15～34 岁的听众人数高于年龄在 35～59 岁的听众人数。在诊所调查的听众比例为 57％，在树苗分发地点调查的听众人数比例为 52％，数据证实了广播剧《卢旺达的美好未来》在民众中的流行。超过一半的被调查者回答他们向其他人宣传过这部广播剧，其中女性为 52％，男性为 58％。

该广播剧对听众理想的家庭人口数量的观点有很大影响。在基础调查阶段，理想的孩子数量为 3.61 人，（女性为 3.73 人，男性为 3.44 人），该数字在最终调查中下降到 2.94 人。听众比非听众更多地谈论到计划生育。同意少生育对母亲身体更好的听众人数是非听众的 1.4 倍。赞同使用节育措施的听众是非听众的 2.9 倍。知道在哪里获得避孕套的听众是非听众的两倍。最终调查时知道女性避孕措施的人数是基础调查的人数的 1.4 倍。听众人数是非听众人数的 2.3 倍。在预防艾滋病方面，知道母亲服药可以预防艾滋病隔代传播的听众人数是非听众人数的 2 倍。愿意测试艾滋病状况的听众人数是非听众人数的 2.7 倍。知道性传播的其他疾病的听众人数是非听众人数的 2.6 倍。

在大猩猩栖息地和自然资源保护方面，同意人口增长是导致环境恶化和大猩猩栖息地减少的主要因素的听众人数是非听众人数的 1.5 倍。同意保护大猩猩和其栖息地能够有利于脱贫和促进旅游业的听众人数是非听众人数的 3.4 倍。与家庭成员和配偶谈论计划生育和自然资源保护关系的听众人数是非听众人数的 1.5 倍。

研究人员对包括城市和农村人口的听众进行了一系列质性调查，以确定广播剧《卢旺达的美好未来》对他们的影响。调查方法包括焦点小组讨论、个体访谈和绘图。焦点小组讨论的结果表明，广播剧《卢旺达的美好未来》具有娱乐性和教育意义，广播剧中正面人物的积极形象和行为得到人们的支持和赞赏，消极人物的行为受到批评。讨论者理解了中间人物为什么和如何转变成为了积极人物，如何从错误选择转向了正确选择。他们还认为，广播剧节目与他们的日常生活相关，话题恰当，大多数人都与家人和朋友讨论和一道收听过这个节目。大多数人还与家人和朋友讨论了各个话题如计划生育、艾滋病、环境保护和大猩猩保护，大家意识到计划生育的好处和讨论了如何采取节育措施。大家从广播剧中恩德雷玛的故事里得到不实行计划生育的教训，恩德雷玛家有 6 个年幼的孩子，不得不采取不正确的方式来维系一家人的生计，如过度开发土地和捕捉大猩猩出售。大家认识到，家庭人口多并不能带来富裕的生活。保护大猩猩和森林，提供植树造林的方式，也是焦点小组人们的热门话题，大家赞同保护大猩猩，促进大猩猩旅游业的发展，以及对植树造林和保护土地的赞同。

讨论者也对艾滋病的节目表示了赞同，讨论了艾滋病检测和使用避孕措施的必要性，赞同广播剧人物采取的措施，节目中不采取预防措施保护自己只会带来致命后果的情节发人深思。

参与调查者还进行了绘画测试，用绘图回答调查者的问题：收听广播剧如何改变了生活。在收到的 47 幅绘图中，大多数是关于植树造林对水土保护和农业生产的重要性，保护大猩猩和家庭福祉等。大多数绘画中都出现了广播剧中恩德雷玛这一人物、计划生育和环境保护的话题。调查对象无论是来自城市或者农村，也无论男女性别差异，大多数绘画在主题上都相似。这说明大家对广播剧中环境保护节目有清楚的理解。绘画还标明了积极的、消极的和中间的人物，以及其给出的教训。绘画比焦点小组的讨论更生动和带有情感色彩。

目前，卢旺达为解决人口增长对环境带来的负面影响，采用了通过计划生育减少人口增长和鼓励环境保护的措施。为此，广播剧《卢旺达的美好未来》提供了家庭人口、植树造林、保护大猩猩和预防艾滋病的节目。该广播剧非常受欢迎，对听众产生了积极影响，听众和非听众的反映不一样。广播剧对听众的影响是长期的，鼓励听众采取行动，包括计划生育、预防艾滋病和植树造林。广播剧除了教育作用，还有娱乐功能，从而能够让更多的听众接受。

参考文献

Barker, Kriss; Scott Connolly and Cecelia Angelone. Creating a brighter future in Rwanda through entertainment education. *Critical Arts*:2013(1):75-90

冯伯韬编译

第五章　卢旺达社会平等和贫困的多因分析

从20世纪80年代初起，卢旺达的消费不平等水平从基尼系数在1983年的0.28到2005年的0.51，接近最不平等国家。高度的贫困和不平等影响到人民的福祉，导致社会紧张和冲突。自从1994年内战和大屠杀结束以来，卢旺达经济得到快速发展，2011年卢旺达的人均国民收入在123个国家中居115位（World Bank，2013），人类发展指数在187个国家中居167位（UNDP，2013）。卢旺达是世界最贫困的国家之一。在2005年，超过一半的人口（57%）是贫困人口，37%的人口是经常性贫困。两次全国家庭调查（EICV1 2000 and EICV2 2005）调查了卢旺达贫困、不平等与社会冲突之间的关系，以及产生不平等和贫困的原因。调查的变量包括地区、性别、婚姻状态、家庭收入生成能力、土地分配和财产。

对卢旺达的贫困和不平等的结构和成因的分析关注4个与消费收入相关的因素，以及其在确定家庭贫困和在收入分布中的作用。4个相关因素分别是：根据教育程度确定的人力资本；根据土地和牲畜确定的不动产多少；根据是农村或者城市居民确定的地域位置；性别，特别是女性和寡妇家庭。分析发现，贫困度在2000—2005年期间稍微下降，尽管没有统计地区差异，但贫困度在12个省的5个省上升，地域和家庭性别与贫困关系大。贫困家庭的人力资本如教育对消除贫困的作用低于物质资本如牛群。2000—2005年期间的不平等影响因素发生变化，最大变化是地区差异。其他因素的影响也加大，如家庭成员的存款，抚养率和拥有的土地。这些发现表明了卢旺达家庭“收入生成功能”的变化。土地分配和金融资产在决定家庭收入分配中越来越重要。

2000—2005年期间的贫困分析表明，卢旺达的贫困问题是因为内战和大屠杀，以及人口迁移导致的。女性当家的家庭和孩子独自当家的家庭等社会群体特别容易受到贫困的伤害。在2000年和2005年卢旺达全国家庭生活状况调查中，是按照基本需求成本确定的绝对贫困线，计算包括食品和非食品，反映了消费模式。

对贫困的衡量包括这些变量：地域变量包括城市或者农村；家庭变量包括家庭成员结构，拥有的牛群和土地；个体或者户主变量包括教育程度、年龄和职业。贫困家庭的户主通常没有受过教育，户主是农民的家庭贫困比例大。拥有牛群的贫困家庭比例从2001年的18%增加到2005年的23%，拥有土地的贫困家庭比例从2000年的16%减少到2005年的14%。

家庭的成员结构中，人口多少和构成重要，女性当家，年轻人当家和人口多的大家庭等通常贫困（World Bank，2005）。2000年，寡妇当家的家庭有超过23%的是贫困家庭，但在2005年，该百分比下降。2000年，非寡妇的女性家庭更贫困，这些家庭主要是在农村。2005年，非寡妇的女性家庭有34%的比例是贫困。农村的非寡妇的女性家庭生活水平下降，贫困比例从35%增加到37%。这一数据表明了家庭的性别结构导致了经济状况的停滞或者恶化，限制了收入生成的机会。而农村寡妇当家的家庭贫困比例的下降，表明政府和社会支持起了作用，包括政府、国际组织和非政府组织支持寡妇当家的家庭，他们为解决寡妇家庭的需求和问题做出了贡献，包括寡妇对死亡丈夫的土地所有权。

教育是脱离贫困的缓冲器，从2000—2005年，教育都是一个重要因素，并且对都市家庭更重要。2005年，教育对脱贫的作用比2000年加大。

农业财产和牲畜是农业经济中脱离贫困的缓冲器。财产和土地的拥有权和贫困密切相关，并且随拥有土地的多少而变化。在都市，这种关系较弱，因为有更多土地之外的收入机会。农村家庭牛群拥有量也与贫困相关，拥有牛群的家庭大多数不是贫困家庭，与土地的作用同样，家庭牛群作为脱贫的作用不可小觑，而且作用比教育大，这一发现表明尽管农村教育水平得到提高，但考虑农村社会经济的变化，教育实际起的作用不尽如人意。

在地域层面，与贫困相关的因素包括占有的资源多少、气候条件、地理地形和基础设施。2000 年，11 个省中有 5 个省的家庭比首都基加利的家庭更贫困。2005 年，每一个省的家庭都比首都基加利的家庭更贫困。这些数据表明了经济发展的地区不均衡。国际援助也是导致地区发展不平衡的原因之一。从 2000 年起，大量国际援助机构进入农村，特别是在 3 个省开展活动，在这 3 个省中，贫困率在 2000—2005 年期间下降，从 60％多下降到 40％多，而其他 9 个接受国际援助少的省的结果就不一致。

导致家庭贫困的因素，首先是家庭性别和年龄结构，分 4 个类别：男性当家的家庭，女性当家的寡妇家庭，女性当家的非寡妇家庭和孩子(21 岁以下)当家的家庭。结果表明，在 2000—2005 年期间，女性当家的寡妇家庭的贫困率下降，女性当家的非寡妇家庭贫困率上升。这一结果表明政府和非政府组织所采取的措施的有效性，也表明农业的收入生成财产的机会增加，土地法通过后，寡妇也拥有了土地权利。因为很多贫困家庭寡妇再婚，寡妇家庭占人口比例也下降，从 22％减少到 18.7％。

其次是导致家庭贫困的原因有别。在 2000—2005 年期间，城市人口增加了 60％，伴随的是城市贫困人口比例增加。在 2000—2005 年期间，贫困率翻番，贫困的深度也增加，例如贫困差比率从 2000 年的 18 118.1 到 2005 年的 22 856.3。不过城市人口贫困率远低于农村。

最后,按照不同的省进行的分析表明,不同的省贫困率不同。12个省中有5个省的贫困率增加,其中3个省的贫困差指数增加,表明贫困的强度也增加。贫困率最高的省从76%增加到79%,其极端贫困比例也增加,从2000年的的57%增加到2005年的的63%。该省人口密度大,粮食紧张,因为酸性土地产出低,陡坡多(MINECOFIN,2002)。贫困的增加是因为,第一,20年代最初的贫困与2000—2005年期间贫困增加相关。第二,城市人口多的地区在2000年贫困率增加。第三,农村家庭多的地区在2000年贫困率增加。

在2000—2005年期间,卢旺达的国内生产总值增长达6.7%,人均增长仅3.4%,该时期的贫困率下降幅度小。卢旺达的内战和大屠杀导致了巨大的社会动荡,而后开始的社会重建又涉及许多家庭的生存方式,其中一个重要原因是土地纠纷,包括从国外新老返回者之间的土地纠纷。卢旺达《民族团结与和谐委员会》2005年的报告说,土地纠纷是妨碍和平的重要因素。此外,其他如社会安全、服务、财政、医疗健康和教育等都是导致不平等的潜在原因。在2000—2005年期间的调查发现,战争、大屠杀、人口迁移的影响导致贫困增加。贫困反映在消费不平等和不断增加的贫困率上。人口比例最前面的20%的群体消费增加为21.1%,人口比例最后面20%的群体仅为6.7%,两者之比是3倍多。

地域变量包括城市和农村居民,以及各个不同的省的人口。家庭变量包括户主的性别、人口数量、抚养率、拥有的土地和牛群。

个体变量包括年龄、教育程度和职业。这期间的教育平均年龄稍微增加,从2000年的3年增加到2005年的3.3年。这表明大多数人的正式教育程度低,不到4年小学教育。农业财产增加,2000年的家庭平均有0.53头牛,2005增加到0.67头牛。

家庭土地增加。2000年,家庭平均拥有土地是0.69公顷,2005

年增加到0.76公顷。家庭抚养率下降，从2000年的0.98人减少到2005年的0.90人，同时，家庭人口增加，从2000年的4.96人增加到2005年的5人。债务和储蓄同时增加。2000年，40%的家庭有债务，2005年增加到58%，同时，有储蓄的家庭增加，从21%增加到44%。

家庭开支。寡妇和非寡妇女性当家的家庭的收入和消费低。城市和农村在性别和家庭结构上差别大。在城市，女性当家的家庭，包括寡妇和非寡妇家庭，2005年的消费比例低于2000年。这表明城市女性比农村有更多工作机会，农村多依赖土地。

家庭抚养率按照小孩数量与成人数量比例计算。2005年，农村寡妇当家的家庭消费增长，而非寡妇当家的家庭消费增长低。这是因为有人力、财产和地域的差异，但是，2005年的消费增长不会使这些家庭陷入贫困。农村寡妇当家的家庭的消费增长有2个原因。首先，家庭消费统计数据不完善；其次，如果农村寡妇当家的家庭成员大多数在农村就业，容易受到该时期收入下降的影响。卢旺达国家统计局报告说，2000—2005年农村家庭收入下降30%。

教育的回报与消费正相关，在2000—2005年期间增加，城市的教育回报率更大。卢旺达是农业型经济，土地与农村的消费相关，土地在农村消费水平中的作用表明了土地分配的结构变化对农村消费水平的影响。大多数卢旺达家庭依赖农业，农业资产的拥有和分配的变化与其生存密切相关。城市家庭在2000—2005年期间消费水平提高。

各地区消费水平差异不大，但2005年的地区差异在解释消费总体变量上重要。2005年，所有地区的消费低于首都基加利。开支调查包括了财务资本的变量，家庭接受或者支出的现金交易、实物交易、家庭成员的存款、家庭成员的负债等。负债与否在开支预测中不重要，因为负债家庭包括贫困和富裕家庭。存款与高消费重要，因为其是抵御贫困的减缓器。存款对城市家庭消费作用大，表明拥有财政资本的城市家庭有更多的增加收入机会。接受现金或者实物交易的家庭消费低，支出现金和实物的家庭消费水平更高。

对消费构成和对消费不平等的影响的分析发现，消费不平等的变化很少受到家庭成员的结构和构成的影响。家庭户主的性别对不平等影响越来越少，特别是对城市寡妇当家的户主影响下降，从 2000 年的 3.6%下降到 2005 年的 0.6%。这表明占女性户主家庭大多数的寡妇当家的家庭的贫困率下降，尽管还是比男性户主的家庭贫困率高。

家庭的财富和人力资本差异大。女性当家的家庭在拥有土地和牛群，及教育程度上大幅低于男性户主家庭。2005 年，女性当家的家庭平均拥有 0.66 公顷土地，男性户主家庭平均拥有 0.79 公顷土地。在教育程度上，男性户主平均是 3.8 年，女性仅 2.1 年。牛群上，男性户主家庭是 0.79 头，女性是 0.38 头。

家庭抚养率下降，从 2000 年的 0.98 减少到 2005 年的 0.90。女性当家的家庭的抚养率从 2000 年的 1.1%减少到 2005 年的 0.82%。而男性户主家庭的抚养率保持稳定，从 0.92 增加到 0.93。

教育是影响贫困和不平等的最大因素之一。在 2000—2005 年期间，教育在不平等中的比重增加，但城市和农村差异大。在城市，教育在不平等中的比重降，从 2000 年的 47%减少到 2005 年的 39%。尽管教育还是城市影响不平等的重要因素，但储蓄和地区因素的比重增加。

土地所有权在不平等因素中所占的比重越来越重要。对于农村家庭，土地对不平等的影响从 2000 年的 4.7%增加到 2005 年的 12.4%。

在地域因素上，城市和农村差异的重要性下降，城市和农村居民不平等比例在 2000—2005 年期间减少了一半，但各省之间的地区差异重要性增加。2000 年，省级之间的不平等比例是 9%，2005 年增加到20%。

2005年,家庭成员对储蓄的影响超过2000年,特别是在城市。城市家庭储蓄对不平等的影响从7%增加到21%。获得财产的机会和资源的重要性越来越影响到不平等。

在卢旺达的社会发展和国家重建中,分析贫困和不平等的原因非常重要。卢旺达的经济在20世纪90年代后期开始增长,不过,还存在经济结构上的问题。大多数人依赖农业为生,但农业的土地肥力、侵蚀、环境恶化、破碎化和降雨量的不定等导致投资农业收入减少。卢旺达社会的贫困和不平等有所减少,但在家庭、教育、财产和地域等方面有别。总体上,寡妇当家的女性家庭的贫困率下降,但非寡妇的女性当家的家庭贫困率增加。户主的教育程度是抵御贫困的缓冲器,但物质财产和地域因素抵消了教育的作用。非寡妇女性当家的家庭、农村居民、家庭人口多少、教育程度和地域影响到贫困程度。女性当家的家庭受贫困伤害的程度有别,寡妇当家的家庭受到的影响越来越小,非寡妇当家的家庭受到的影响越来越大。对各个省的分析表明,贫困群体的消费收入的出现率、强度和分布因为居住地而差异大。贫困的地域差异和强度削弱了教育的作用。不平等受到多个因素影响,教育的影响减弱,地域、土地和储蓄影响增加,物质财富的影响大于人力资本,财产的分布在决定家庭收入分布中越来越重要。农业的结构、财产分布、土地的分配和占有也会影响到贫困和不平等。

第二篇
卢旺达教育发展面面观

第一章 卢旺达教育发展的历史轨迹

卢旺达位于非洲撒哈拉沙漠以南，是非洲人口最密集的国家。在1962年独立以前，卢旺达是比利时殖民地，比利时殖民统治加深了卢旺达胡图族和图西族的矛盾。第二次世界大战后，比利时殖民统治当局曾经表示建立基础教育体制，减少文盲，培养手工技能和改善教育，同时还许诺通过政府资助的私立学校发展初等教育，并且提供中等教育及教学设施。但为了维系其殖民统治，比利时当局不愿培养具有政治和经济领导力的阶层，所以，卢旺达教育的发展和改革进展缓慢，导致了卢旺达独立时教育落后。

比利时当局提出的初等教育计划是支持公立学校和政府资助的教会学校，而教会学校占大多数。小学教育使用母语，学习的科目是阅读、写作、数学、科学和农业。中学教育是精英阶层教育，学习的科目是管理、商业和宗教。比利时当局忽略了中等教育和高等教育，因为不愿出现卢旺达本土知识分子群体，比利时当局考虑更多的是卫生、基础设施、道路桥梁和农业。

卢旺达人口在第一次世界大战和第二次世界大战之间翻番，到独立前15年再次翻番，对教育的需求日益增加。在农村学校，教学语言是母语基尼亚卢旺达语，城市中心学校则使用法语作为教学语言，中学也是法语作为教学语言，这样，农村孩子就被排斥在接受中等教育的门槛之外。

卢旺达独立时，比利时殖民者留下的教育基础差，在20世纪60年代，卢旺达没有有效可行的教育体制，更没有形成一个受过教育的群体，接受了高等教育的人数不过 100 人左右。比利时殖民者当局没有提供充足的教育经费，没有开办足够的学校和保持高水平的教育质量，没有强调义务教育，也没有中学课程大纲。

卢旺达独立后，社会各方面发展迅速，经济增长迅速，先于联合国千禧年计划的目标而实现了普及小学教育。在议员中，有 64％是女性，性别平等在世界范围领先。卢旺达政府颁布了一系列政策和法律，推进涉及疟疾防控、教育公平、环境保护、普及卫生健康、土地改革、女性遗产法、性别暴力预防和禁止塑料袋等的多个项目。卢旺达的社会发展目标是脱贫，并且有可衡量的，由结果驱动的战略，还有年度工作检查。卢旺达的“经济发展和扶贫战略”(Economic Development and Poverty Reduction Strategy)的目标是到 2020 年，从贫困转向中等收入国家，贫困人口比例从 44.9％减少到 2018 年的 30％。根据世界银行商业排名，卢旺达整体是非洲第三，开张的新企业是非洲第一，在世界上居第 52 位。

卢旺达目前仍然是属于贫困国家，人口大多数是农民，因为“一户一头牛”项目的实施，许多家庭拥有了牛。不过，根据联合国开发计划署的人类发展指数排序，卢旺达居 167 位，平均每天收入是 1.50 美元，并且工作机会少。

教育在卢旺达非常重要，涉及入学公平，学生为中心的教学方法改革，课程设置，特别是历史课程，批判思维和价值观教育。卢旺达教育委员会在《2010—2015 的教育领域战略规划》(*Education Sector Strategic Plan for* 2010—2015)中提出，卢旺达教育发展的首要目标是“促进积极的价值观，批判思维，卢旺达文化，和平，团结和和谐，以及所有层面的教育公平”。普及小学教育后，政府的目标是普及 9 年教育，但是班级人数过多是一个大问题，35～70 人的小学班级常见。教师培训和学校基础设施改善，包括教室、电、笔和课本，以及互联网和计算机培训也是需要解决的问题。

2008年，卢旺达语言政策发生了变化，学校教学语言从法语转向英语，但缺乏足够的合格英语教师，而学生也面临适应新的教学语言的问题。

第二章　卢旺达教育的国际交流和影响

1994 年的内战和大屠杀结束后，教育成为卢旺达经济发展、国家重建和民族和谐的重要工具。

卢旺达教育在多方面有国际交流并且受到国际影响，教育的国际影响有不同来源和不同层次，从宏观的国家教育政策和计划到微观的课程设计和教材编写。对卢旺达教育政策和规划的国际影响来自教育援助国际机构，这些机构从法国和比利时到新的国际伙伴，包括英国国际发展署。这些新伙伴与卢旺达有不同的历史关系，带来不同的优先考虑目标和不同的工作方式。这些新的国际机构都关注新千年发展目标，特别是面向所有人的基础教育目标，而这些目标是否完全适合卢旺达社会现实尚带商榷。其次，1994 年以后卢旺达政府的教育政策和实践模式的转变也受到国际机构模式的影响。最后，是如何在教材和教学中处理历史事件及处理对教育的影响。

卢旺达最初是德国势力范围，第一次世界大战后，卢旺达成为比利时殖民地。胡图族、图西族和特瓦族分别占卢旺达人口的 84%，15%和 1%。卢旺达人有共同的母语基尼亚卢旺达语，其与法语和英语一道是官方语言。比利时殖民者当局的政策在各方面，包括教育，造成了社会阶层的差异和种族冲突。卢旺达政府的教育政策就是要纠正殖民地时期的错误，教育不能带有对不同群体的歧视，并且要与卢旺达的社会、文化和价值观相符。在内战和大屠杀时期，教育深受其害，教师和学生遭到严重伤害，学校遭到洗劫和破坏，学校教学材料和设备毁于一旦。新的教育政策目标是重建教育。

为了开展战后的重建和促进民族和谐，卢旺达建立了《民族团结和和谐委员会》，开展了公民教育项目。在公共话语和学校课程中强调卢旺达民族而非种族身份，尽管种族分歧依然存在，但人们不再突出“胡图族”或者“图西族”身份。教育在国家重建和和谐工作中起到非常重要的作用，课程设计和内容强调民族身份和对历史的重新认识，但面临的困难在于缺乏人力和物力资源，也涉及人们观念的改变。

国际和双边教育援助项目和卢旺达国内优先考虑项目并不完全一致。2002 年，卢旺达教育、科学、技术和科研部部长给出的教育目标是：学校课程设计和人员培养；落实人权的具体行动（GoR MINEDUC，2002）。但是，在教育重建和和谐工作中，教育部和国际援助组织还关注其他的目标：卢旺达与其他许多国家一样，面临多个国际发展目标，特别是普及小学教育和面向所有人的教育。而且，教育制度需要适应《2020 远景》的指南，脱贫战略，放权政策和信息交际技术政策。新的教育政策需要反映这些新的政策目标。

卢旺达大量依赖国际援助，因此容易受到满足千禧年目标的国际话语影响。影响卢旺达教育的一个关键因素是英国国际发展部（DFID），其是卢旺达经济最大援助机构，也是教育领域最大的援助者。

Hayman (2005) 区分了不同国际援助机构的不同目标，以及这些目标与卢旺达政府教育政策目标的区别，主要的区别在于如千禧年目标这样的中期目标和扶贫与实现政治稳定的长期目标，这也是全球目标和当地目标的区别。如：

• 高等教育资金为政府投入占比的 37%，超出了普及初等教育的比例。

• 政府坚持的三语教育政策出自政治考虑，以确保族群平等。国际援助者担心语言转换影响到教育质量，而教育质量是面向所有人的教育的一个重点因素。国际援助机构通过各种方式影响政府的教育政策，希望能够集中于满足千禧年教育目标，但国际援助机构自身却还有更广泛的发展目标(Hayman, 2005, 11))。

大屠杀后返回卢旺达的回归者也对教育产生了影响。因为战乱,大约300万卢旺达人出走邻国或者其他发达国家(IRDP,2003)。这些人中许多人受过良好教育,造成卢旺达的脑力流失。这些旅居国外的卢旺达人的优势是能够远距离思考国家的教育问题,但劣势是脱离实际,有时带有偏见。另外,流亡者在使用英语的环境中成长,使用英语交流,接触到外国的教育政策和实践,其中许多受过教育的群体返回卢旺达后在教育体制高层工作,并且带来了英国教育模式。例如从坦桑尼亚和乌干达的返回者带回了英国的教育观念和模式,在与受到比利时影响的卢旺达教育制度结合时导致了混乱,如 A levels 考试和 Upper Secondary examinations; 基加利教育学院体制与乌干达教育学院体制的结合,以及引进乌干达的督学制度。

Uvin (2004) 认为,国际援助机构可以发挥的作用是从不同的视野进行观察,局外人和比较的视觉能够对教育提供帮助,如对过去历史的研究,培养学生的分析能力和思考能力,避免悲剧再次发生。英国诺丁汉的大屠杀预防研究所的研究成果在卢旺达课程材料中就有所反映,如高小的公民教育单元有"和平""冲突的理解"和"大屠杀与和谐"的内容和清晰的分析。

国际援助机构对卢旺达教育的影响包括多个方面,但卢旺达的独特性和历史使得教育的国际影响面临独特背景,需要考虑政治和社会变化两个重要因素。卢旺达教育体制重建的目标是要促进和平和扶贫,在政府决策上有多种形式,国际援助机构和当地的优先目标不尽一致。在国际援助的实施阶段,在人类发展指数和经济发展程度不高的环境中,大多数借用来自邻国经验,但借用的经验和政策多是教育体制殖民化的遗产。国际援助对卢旺达教育有很大影响,而当地对国际教育援助的支持非常重要,需要综合考虑各方面因素,国际援助才能达到更好的效果。

第三章　卢旺达远程教育的发轫

发展中国家社会经济进步和可持续增长的最重要因素是教育。随着人口增长，传统教育方式已经难以满足民众需求。尽管发展中国家具有读写能力的人口比例从30%增长到50%，但随着人口增长，从1950年以来，文盲人口增长了1亿人。而且，学校教育质量不高，特别是在偏远农村学校，教育质量比城市学校相去甚远。

发展中国家也加大了教育的投资，按照实际价格计算，从1960年的90亿美元（国民生产总值的2.4%）增加到1976年的380亿美元（国民生产总值的4.0%），但许多国家入学率低，农村地区尤甚。这不仅是因为缺乏学校，而且许多有机会上学的人也不愿上学。

传统的教学方式已经不适应时代发展，学校也不再是传播知识的唯一渠道。大众传媒如广播电视在知识的传播上起了重要作用。广播的优势是传播面广，费用低，即使是缺电地区也可以使用。设计恰当并且得到支持的广播和电视节目完全能够促进学习。空间技术和卫星的发展使得偏远地区也能够接受电视节目，越来越多的国家使用卫星作为学习的渠道。

大众媒体在教育中的使用有多个原因，第一，许多发展中国家的教育体制已经不适应主要是农业和农村的发展需求。各个国家根据自己的需求，对教育体制进行了改革，强调对农民和农村青少年的技能培训和实用知识传播。农民难以获得农村转型需要的技术知识，而许多传播知识的培训师缺乏成人教育技能，需要将通信技术与教学方式结合起来。第二，许多国家的教育缺乏人力和物质资源。传统的教育模式难以满足教育的需求，而大众传媒可以在不增加成本费用的情况下向大批受众提供教育项目。第三,教育界人士明白,目前教育的数量增加而教育的质量下降,大众传媒可以面向大众开发最好的教育资源。

尽管大众传媒在教育中可以发挥潜在的作用,许多政策制定者担心新的教育技术会带来额外的经济负担。与传统教育模式不同,基于大众传媒的教育技术需要推广普及,该新模式实行的是教师与学生是分离的远程教育。

世界银行的一份报告将远程教育定义为"一种教育过程，在这个过程中，大部分的教学内容是某人在不同于学习者的空间和/或时间上传授的"。实际上，远程教育通常结合了不同种类的大众媒体如广播、电视和电影,以补充不同传播方式的不足,充分发挥各种媒介的最大综合优势。

远程教育课程通常需要函授学习、课后辅导和互动联系来加以巩固。远程教育的主要组成部分是:①在职老师培训,主要通过广播和函授以及选修的辅导和实践课程;②以广播、电视和函授为形式的拓展课程;③为那些没有上学的人举办的学习课程;④成人教育课程。大众媒体的出现以及通信技术的作用表明,教育不再局限于面对面的学习形式。在一个随处可以接触到电子和印刷媒介的社会,人们花在阅读、倾听和观看上的时间已经超出了传统学习的时间。联合国教科文组织、世界银行、国际开发署、英国文化协会和英国开放大学等各种国际组织的研究表明,广播、电视和电影等媒体可以为那些受过很少教育或者完全没受过教育的人提供教学服务,可以让这些接受远程教育的人足不出户便可受益。

世界银行 20 世纪 80 年代的一份报告认为,"对教育的需求正开始超过很多国家能够提供教育的能力。同时,在医学、农业和工程领域的技术革新意味着许多成年人可以选择新的生活方式,但前提是他们在选择之前要接受相关教育。这种对基础教育和成人教育的双重大规模需求让教育应接不暇，导致人们探索可以容纳更多的不同人群的更经济的教育方法，远程教育为此提供了可能性。如果远程教育结构合适，各种媒体配合使用，并且反馈及时，那么它可以成为一种新的学习方法。

远程教育的起源可以回溯到 19 世纪 80 年代，当时一位瑞典的会计学老师通过邮寄课程材料的方式继续辅导那些离开了小镇的学生。与此同时，一位英国老师给那些无法来参加课后辅导的学生邮寄学习材料。在美国，有的大学校区跨越不同的州，这使它们不得不在 1890 年代开始函授课程。

20 世纪 20 年代晚期，苏联通过远程教育来增加教育体系的产出。从 1929 年起，函授课程就成为苏联教育体系的重要组成部分。苏联的远程教育和传统的高等教育体系紧密结合，学生在他们为了获得学位或者技术证书的学习过程中，可以在全日制、半工半读或者函授学习模式中切换。同时，他们的教育系统还与企业紧密联系，鼓励学生学习那些和他们的工作有关的课程，并在他们工作的地方进行实际操作和项目的练习。

20 世纪 20 年代中期，广播开始被使用在学校教育上。广播学习小组是很多国家成人教育的一种方式，成为继续教育的一部分。英国在 1939 年有大约一万所学校有广播设备。当时，形成了有几千个收听成教课程的广播学习小组，广播节目收听小组的出现产生了广播论坛，首先在加拿大，后来在印度和非洲陆续出现。新西兰从 1937 年起就把广播和函授联系在一起，提供一系列的项目把广播函授与面对面的教学联系在一起。印度对文盲和农村地区的贫困人口进行广播节目教育。在尼日尔，尼日尔广播俱乐部的成员自觉参与到了广播节目制作的过程中，在印度和加纳，广播节目基本上由广播电台来制作完成。在拉美、哥伦比亚、秘鲁、萨尔瓦多、墨西哥和洪都拉斯的广播节目项目以正式的基础教育为内容，包括读写和算术，还有与宗教、健康卫生、农业、公民教育和体育相关的节目内容。广播节目是课程主要形式，并以挂图和其他打印的材料作为补充。在英国，为推进农业现代化，英国广播公司几十年前就举办了一个基于民间传说的广播节目。该节目每周播出五天，节目中塑造的人物家喻户晓，吸引了百万计的观众，包括城市的听众和农村的听众。很多发展中国家都使用了广播作为教育媒介。

发展中国家的教育体制面临一些共同的问题，如教育成本上升，财政资金有限，教育质量不高，不能提供与经济发展适应的教育，以及接受良好教育的机会不充分。许多发展中国家都努力通过远程教育来降低教育成本，提高教育质量和适应社会经济的发展，让更多人有接受教育的机会。

在卢旺达，一个有成效的方法是利用广播节目开展计划生育和环境保护的教育，这一做法已经取得了非常满意的结果。一个教会学校开发了幻灯片来进行小学教育，特别是读写、算术和法语课程的教学内容。这些幻灯片和广播节目互为补充，使用在卢旺达欠发达地区的小学教育上。通过广播，老师不仅可以调动学生的学习积极性，让学习的主题更有意义，而且还促进了学生和教师课堂的参与、对话和互动，让学生的个体和社交技能得到锻炼。

远程教育的成本分为固定成本和非固定成本。广播节目的准备和传送成本是固定的，接收者的成本是变化的，需要比较单位成本和效果。远程教育的固定成本所占比重较高(通常超过了50%)，比传统的教师课堂教学成本高。录取人数的多少对远程教育的长期可行性非常重要，因为前期的资本投入和其他成本可以在项目实施期内分摊到很多使用者头上。录取人数的增加能够降低远程教育的单位成本。

研究表明，可行性标准可以用单位成本表达。比如，在其他因素不变的情况下，课程的成本效率会受到学生年级越高，潜在的客户人数越少的影响。在传统教育模式里,老师的成本是主要成本要素。在大多数国家,从事高等教育的老师的工资要高于从事小学教育的老师,大学老师的工资是小学老师工资的 3～8 倍,因此,高等教育领域的教学更容易用资本的力量来代替人力,其积极作用是提高学术成就和增加教育机会。与传统教学模式相比,绝大多数远程教学项目从数量和质量上都具有成本效益。

在英国开放大学的经济学科,每个本科生的平均周期成本仅为传统大学成本的 1/4 多;每个学生的资本投入是传统投入的 6%,而资源成本(如学习材料,课后辅导以及讲座等)是传统大学成本的 1/6。英国开放大学几乎所有课程的单位学生可变成本都要比传统教学低得多。因此,这些因素最终推动了开放大学课程的扩张。如果开放大学学生的机会成本更低,那么就进一步说明了开放大学的优势。总之,如果有大量学生的参与,基于媒体的课程要比传统的教学更加经济,因为其开发和制作成本较高,但是可变成本低,就是基于媒体的课程边际成本低。

许多国家的实践也表明,远程教育比传统教育成本低得多。泰国开放大学的成本要比传统大学低 40%。马来西亚大学校外项目的成本是在校项目的 1/5。韩国高中远程教育的成本是传统学校的 1/5,并且可以让学生兼顾工作和学习。巴西、肯尼亚和多米尼加的研究也确认远程教育课程在偏远地区效果明显。

不过,远程教育在小学和中学教育阶段的应用有限,就是用资本来取代人力的可能性有限。研究表明,在小学教育阶段,老师与学生的关系密切。即便是教育科技在一流的教学环境中得到运用,老师的准备和辅导对任何远程教育来说都是非常重要的因素。但是,如果将成本看作补充作用,那么远程教育就可以对该地区低水平的教育进行有效补充。通过拓宽课程和视听体验来激发学习兴趣,提高老师的知识水平,这些都是远程教育在小学教育方面值得突破的目标。如果小学教育得到了普及，那么对中学教育的需求就会非常迫切。数学、科学、技术和商业方面的师资短缺通常导致发展中国家的很多中学水平参差不齐。远程教育可以在这些方面发挥作用：①以课外学习的形式，作为传统中学教育的补充；②对那些因为缺乏师资或者师资不达标的课程进行补充。通过校内和校外教学活动的结合可以一定程度上实现资本对人力的替换。

远程教育也可以在教师培训上发挥作用。教师的职业发展是一个渐进的过程。社会迅速变化，课程也随之变化，有必要帮助老师面对新的挑战。老师需要学习更新更专业的知识，提高自己的职业知识技能。远程教育可以为老师提供在职培训。而相关成本本质上也是为获得额外技能发生的支出。此外，远程教育为任职前教师培训提供服务，弥补专业老师不足，在有限时间内培训更多的老师。在高等教育领域，远程教育毕业生的单位成本较低而教育质量较好。如果学生有强烈的学习动机，就不太需要老师的督促，因此，用资本代替人力在高等教育是可行的。远程教育可以减少政府的财政压力，对高等教育做出积极的贡献。长期以来，政府在增加昂贵的教育设施和开发资源方面面临着许多困难，通过适度的收费和灵活的学分制，高等教育能够以最低的成本得到实施，而那些偏远地区渴望学习的学生也可以从中受益。

在非正式教育上，远程教育也可以发挥作用。印度农村教育技术学院会在早晨进行正常教学，而晚上开设的课程主要涉及农业、健康和家庭福利，并且吸引了大量的村民，他们不是为了消遣而是为了获得有关信息，而且在电视课后开展讨论和反馈。

现代大众传媒还可以有效地传送健康、家庭福利、营养和农业等方面的基础知识，传播公民与社会责任、法律权利和民族文化知识，其观众可以是所有群体，老少皆宜，不受文化程度的约束。电视和广播工作者的技术加上专业领域的知识可以在不同领域提供集趣味性、知识性和教育性于一身的节目，是否识字并不阻碍人们对科学思想的欣赏和理解。

尽管电视节目的制作成本较高，但是如果观众人数多，那么分摊到个人的固定成本就会显著下降。政府面临的另一个问题是如何让更多的人接收到这些节目。在有些国家，接收终端如电视和收音机由政府提供，这就增加了单位成本。在农村地区，电器化普及低，电视机的物流配送和维护等也是一个问题。但是，政府可以合理地管理，配备电池的电视机可以在技术上进行改装然后直接接收卫星信号，另外还有利用太阳能的电视。如果电视接收装置集中在某个地区，可以通过电视转播站先接收卫星信号，然后再将信号转换成传统电视机可以接收的模式，这样的方法具有经济效益。如果接收点分散在广阔的范围，而且接收点少，那么对电视进行改装，使它们可以直接接受卫星信号是更为经济的办法。

电视可以鼓励成人参加继续教育。英国开放大学和德国电信大学开展的电视教学配备了高质量学习资料。瑞典的开放大学连接英国的教育设施，法国的电教俱乐部参与了一系列的电视节目，目的是为了让大众了解农村的生活和其他情况，激发人们解决农村问题的灵感。由联合国教科文组织赞助的塞内加尔电视广播俱乐部每周播出两个关于卫生、营养和疾病治疗的节目。

远程教育的一个重要目标是消除文盲。传统的成人教育模式需要招聘大量教师和志愿者，比如，为了消除文盲，原则上要通过 1 对 1 的方式辅导，这在很多方面不切实际，基于大众传媒特别是电视和收音机的新学习模式更具有可行性。文盲通常没有足够的动力去学习读写，其中一个原因就是学习资料的匮乏和质量。电子媒体可以让更多的成年人认识到读写的好处，电子媒体材料的使用可以辅之以专门的纸质学习材料，让它们成为远程教育的一部分。而且，识字还可以和职业教育联系起来。如果技工和技术老师不足，或者老师本身在某个领域的技术能力不强，远程教育可以起到非常明显的作用，而且也可以提高读写能力。

与传统的教育模式相比，教育科技的发展和运用需要更多的规划和更长的准备期，使用大众传媒技术必须有足够大的客户群体。虽然使用新的教育科技具有明显的规模经济效益，但是如果目标群体小，单位成本会非常高，而且制作成本也很固定。另外，技术需要以团队为基础进行规划和运作。这个团队的组成可以是工程师、制作人、主持人、老师和社会学家的组合。而且，每一个远程教育项目都应该设立一个反馈机制。电视和广播通常被认为是“盲目的”单向传播的媒体，事先准备的课程内容也是一种单向的语言。因此，必须在接收端建立一套评估和学习机制。同时，远程教育还和广播频率的技术层面有关。

卢旺达远程教育的发展需要考虑这些具体问题：

(1)对远程教育在正式和非正式教育的运用，要制定不同的优先发展顺序。正式教育的结果可以考核，但非正式学习的效果通常只能间接确定。从国家利益、文化提升和社会发展方面来看，非正式教育是更适合的一种模式，但目标的制定还要看政府优先发展的方向。

(2)使用远程教育还需要制作恰当的教学内容。通常人们关注的是硬件设施，而忽略了取得成功必不可少的软件。节目必须符合人们的需求，符合社会和经济发展的大环境。远程教育课程的内容和使用的媒介同样重要。

(3)基于大众媒体的远程教育为公众解开电视和广播技术之谜提供了特殊的机会，新的通信技术使得可视通信成为可能，政府可以鼓励节目的制作，鼓励普通群众的参与。现在需要充分利用技术的进步，鼓励更多人参与到节目制作。

(4)对远程教育有重要影响的一个重要方面是通信卫星的成功运

行，其能够同时覆盖多个地点，多个国家和地区。直播卫星可以通过不同国家共同努力，使其共享远程教育技术，降低教育成本。

发展中国家的远程教育也需要考虑：①远程教育模式要适合国情；②远程教育的成本效率和可用资源；③技术创新的评估，包括设施设备的共享。

参考文献

Sharma，Motilal，Distance Education：Professional Staff Paper. Asian Development Bank，Manila (Philippines). 1985。

张诗丹编译

第四章　卢旺达社区层面的特殊教育

卢旺达位于非洲撒哈拉以南，是农业占主导的国家。2018 年人口为 1 200 万人，90％的人口务农，拥有小块土地。卢旺达主要有三个族群：胡图族、图西族和特瓦族，他们有共同的民族语言基尼亚卢旺达语。在卢旺达内战和冲突后的国家重建中，教育起了重要的作用。卢旺达的社会经济发展新政策也充分考虑了对边缘化弱势群体的教育问题。

卢旺达教育政策涉及包容性和面向所有人的教育目标，发展一个能包容所有学习者的教育体制，其中包括对边缘群体的包容。卢旺达的社区层面有特殊教育的文化传统和资源，政府也充分利用了这些紧密的社区纽带和社区团结，以满足残疾孩子的教育需求。卢旺达传统文化强调家庭联系纽带和相互帮助精神，乌姆干达（Umuganda）是卢旺达的传统文化，强调社会帮助和社区团结，是卢旺达民众日常生活的重要特点。例如，在社区中，人们相互帮助种植和收割，分担婚礼的费用。这种社区团结文化有助于发展国家包容性的教育，能够为社区照顾残疾人提供基础，有着巨大的潜力。

社区团结的另外一个例子是传统的司法体系，其负责在社区中解决纠纷。传统上，该机构的作用并不是惩罚性的，没有死刑和监禁。相反，它主要是调解和维系社区团结，让被告人根据其犯罪行为补偿受害家庭。该机构的当地语言是 Gacaca，其本意是一种万年青的爬藤草，类似于地毯。用来比喻每个人，不论他们的背景、阶层和能力如何都能在 Gaaca 上找到一席之地。1994 年后，该机构经过改革，被赋予了可以监禁犯罪人的法律权力，但社区服务还是其一项重要职能。Gacaca 是一个独一无二的司法机构，公民听证在室外进行，保持了卢旺达人强烈的所属感。这些参与了 Gacaca 工作的人体现了献身于司法和和解,保持社区价值观的精神。

在卢旺达文化和语言中,包容性教育与复杂的村级社区团结有密切联系。教育是卢旺达国家战略的中心,卢旺达2002年和2006年的社会经济发展目标是建立一个基于知识的和技术导向的经济体系,帮助卢旺达在2020年成为一个中等收入的国家。为此,政府制定的教育目标是顺应国际潮流,在2003年提供免费的小学教育,并且颁布了政策和法律来支持残疾儿童就近在周边学校入学的权利。这些政策与法律强调了残疾人的权利,特别是教育权利,同时也通过发展包容性的学校建立更具有包容性的社会。

卢旺达的基础教育为9年,有通用的课程核心大纲,覆盖了知识、技术和生活技巧课程。6年小学教育免费,3年中学需要付学费。但是,对于一些家长来说,他们还是无法承担小学的某些费用,比如需要付费购买的学校制服。很多家庭无法负担在孩子小学升入中学后的教育。而即使孩子完成小学学业,并且家庭能够负担中学的费用,要获得一个中学入学名额也很困难,因为相对于小学毕业生,中学的教育资源并不充分。

卢旺达基础教育战略计划涉及许多举措,例如建立灵活的课程设置,给所有学习者提供机会;增加公众对于特殊教育需求和对待残疾人的意识;建立一个无障碍的学习环境;并且支持恰当的教师发展计划。

在社区层面,则涉及建立一个教育管理信息系统,以便确定需要帮助的学生人数;建立起社区层面解决残疾人需求的应对措施。在建立一个适合国情的社区层面对残疾人的帮助措施中,卢旺达政府希望传统社会的许多积极因素能够发挥更多积极作用。同时,还要符合联合国面向所有人的教育(EFA)目标的要求。联合国面向所有人的教育的目标在关于残疾的教育上与不同国家的现实存在差异,这些问题反映在国家教育政策和规划上。一个国家的教育政策和计划不可能把全部资源放在满足该目标,而忽略对其他方面的关注。残疾儿童通常会因为距离他们附近的学校太远而无法上学。另外,同学和教师可能的歧视态度,对于失聪和失明儿童的交流障碍,缺乏老师的支持,无法接触到学校的设施等,都会给特殊教育孩子上学造成困难。一些残疾儿童因为重复留级而被迫离开学校,。

卢旺达教育部的特殊教育政策反映了卢旺达政府 2007 年的战略计划,该政策计划在 2015 年,有超过 90%的教育机会障碍被消除,特别是在基础教育阶段,所有的残疾孩子和有特殊教育需要的孩子都能参与主流教育。按照 4.7%的比率估算,在 5～14 岁年龄段的残疾儿童人数超过 10 万人。按照流行的 10%的残疾比率计算,残疾儿童人数大概有 17 万人。据不完全统计,2010 年,有 800 名残疾儿童在 34 所特殊学校和中心学习,这一数量仅占所有残疾儿童的很小一部分,而且这些学校和中心大多数在城市。

在卢旺达社区层面,需要关注的是如何让年轻残疾人参与包容性学习,卢旺达社区的残疾年轻人有什么样的学习环境,卢旺达社区如何保证教育资源的平等;在社区层面,对残疾年轻人接受教育的社会、经济和政治影响。

2005 年,对卢旺达农村和城市的富裕和经济困难的家庭进行了调查,包括社区的意义、现状和特殊教育。调查的区域包括两个农村地区和首都基加利附近的一个城市地区。调查者研究了卢旺达指代不同残疾种类的术语,分析了这些术语对人们态度和行为的影响和社区层面对残疾的态度。调查还包括学校对残疾儿童的包容性情况、家庭和学校之间的距离、对残疾者的态度和相关的设施。调查选取了 5 个有残疾儿童入学的学校,相关机构和有残疾儿童设施的省。调查对象包括残疾儿童中心、残疾人组织、家庭、本地各级官员、社区康复中心的工作人员。实地考察的学校和社区在卢旺达三个完全不同的地区进行:基加利省的城市和半城市环境;位于东北部的乌姆塔拉省的农村地区;位于卢旺达东部的基布耶省农村地区。其中两个是农村地区,一个包括了城市和城市周边地区,以进行对比。调查综合考虑了社区层面对残疾人和特殊教育的处理方式,国家层面的政策,以及社区康复中心的经验，特别关注卢旺达社区互助和社区团结的传统文化和丰富经验，以及它们对包容性教育的促进。

调查深度采访了 3 个社区的 35 个家庭和社区成员，包括残疾儿童的兄弟姐妹和父母，同龄人和邻居；89 个社区关键人物和社区康复中心工作人员；201 个学校社区成员，包括校长、老师和学生。总共有 45 名中小学老师，15 个教育学院教师和 15 个地区教育局官员接受了采访；超过 275 名年龄在 8～17 岁的儿童接受了采访，其中有 55 名女孩，他们来自不同的社会经济背景。所有的受访者都使用国家官方语言基尼亚卢旺达语。在走访的 35 个家庭中，5 个是富裕家庭，11 个属于中等收入家庭，其余的 19 个是低收入家庭。采访进行了录音或者笔录，对录音进行了转录。

在调查中，大部分受访老师意识到包容性教育对学校满足残疾和特殊教育学习者学习需求的要求，也意识到一些教学方法可以成功地帮助残疾儿童在主流学校接受教育，尽管这些课堂的人数都超过 56 人。这些老师也提到一些基础设施和资源的局限，妨碍面向所有儿童的教育和参与，比如饮用水设施和卫生设备，课桌和教学材料的不充分。社区学校对于所有与学校距离恰当的学生开放，学校也愿意在力所能及的范围提供支持。这种自然包容通常是因为这些父母没有其他选择，只能送他们的孩子去社区学校，而老师有道德和职业的义务接受所有的儿童，不论是否是残疾孩子。但因为教师教育课程没有特殊教育需求或者包容性教育的内容，这些教师没有受过特殊教育的专业培训。在实际教学中，对有学习障碍或者明显残疾的儿童的课堂教学方法需要改进。尽管社区和学校关注残疾儿童，但许多接受采访者对涉及残疾儿童的包容性教育知之甚少。教师对调整教学方法以适应残疾儿童的学习需求缺乏自觉意识，只能依赖学生调整自己以适应主流的教学方式。家庭和社区对残疾人还存在有消极态度，这种态度会导致对残疾人的歧视，并且对接受教育的孩子产生副作用。

社区对残疾的意识与残疾人在在家庭和社区的日常生活状态有

关。一些称谓凸显了残疾人的身体缺陷而对残疾人带有歧视，如词汇“Ikimuga”表示残疾人和无用的物体；“Karagi”表示不会说话的小东西。智力障碍的孩子有时被称作疯孩子，脑袋有病的孩子，还有的人将残疾描述为可以治愈的疾病。有的同学对残疾孩子的语气或者玩笑的方式带有歧视，并且很少有人意识到这对残疾孩子的伤害。目前，卢旺达社会已经避免使用种族标记语言，学校注册也不使用种族区分，政府政策强调促进胡图族和图西族的团结和和谐。在社区层面和社会层面，也需要纠正使用歧视性语言指称残疾人的做法，这种歧视性语言与无知有关，需要加以教育和规范。

在家庭层面，对待残疾人的态度各异。残疾孩子在家庭和社区的处境影响到他们在学校和社会的处境。城市富裕家庭成员更多要外出工作，将残疾孩子交给保姆或者其他家庭成员照顾，但在日常家庭生活里将孩子单独隔离，残疾孩子没有得到正常的关照和没有与家庭成员的正常交往。贫困家庭的残疾孩子特别是农村孩子相对自由活跃得多，因为这些家庭住房面积小，没有单独隔离的空间，也没有能力雇用保姆，而是亲人自己照顾，他们更容易参加家庭交往活动和社区活动，更能够得到他人帮助。当地文化习俗是每一个家庭成员都有权利共享的空间和资源，残疾孩子也同样具有这些权利。家长对残疾孩子的态度受到自己对于残疾的理解和社区态度的影响。有的家庭知道社区慈善机构提供的服务，但也有很多家庭不知道。获得帮助和教育的机会依赖家庭和社区的意识。

对于残疾孩子的社区卫生服务发展不充分，医疗服务价格昂贵，因此社区康复中心工作人员是残疾孩子家庭的主要接触对象。不过，家庭还寻求另外的帮助，例如传统医学，宗教机构，社区工作人员等。传统医学更容易接触，并且得到比西方医学更多的尊重。

残疾孩子的教育存在基础设施的缺陷，如小学饮用水和卫生设施的不足，许多班级人数超过 50 人，这表明学校很难提供安全和有质量的包容性教育。不过，许多教师认可对残疾孩子的包容性教育。但因为没有基尼亚卢旺达语的对应表达，官方政策文本也缺乏相应的概念，难以在卢旺达文化背景中解释包容性概念。教师将包容性教育理解为“混合教育”，“适合所有人的教育”，“非排他性的教育”和“非隔离的教育”。这些术语可以作为创新适合卢旺达语境的术语的基础，并且不仅限于残疾人的教育。

综上所述，在政策层面，官方文本的政策和语言要适合学校层面的实际，否则实施的效果会大打折扣。教育政策制定者应该根据社区层面的经验制定政策，包括了解教育现状、原因和对策、将政策与实践更加密切的联系起来。

在对卢旺达家庭和社区对残疾人的态度和现状的调查发现，家庭对残疾人的态度受到家庭成员和社区的影响。在政府层面，制定尊重残疾人接受教育的权利的政策，并且实施这些政策非常重要。同样，重视卢旺达文化传统对残疾人和教育的作用同样重要。社区层面工作的关键是与家庭一道加强有利于促进包容性教育的实践。残疾孩子能否上学取决于家庭对教育的态度，也取决于教师的意识。政府的教育政策和国际援助需要长时期才能发挥作用，目前，最可行的办法是在社区层面建立包容性教育。

参考文献

Karangwaa, Evariste, Susie Milesb and Ingrid Lewisc, Community-level Responses to Disability and Education in Rwanda *International Journal of Disability, Development and Education*. 2010 (3): 267-278.

冯伯韬编译

第五章　卢旺达学校的女生权益保护

2011年2～9月对学校女生权益保护进行了调查，对象包括受害人、家人、非政府组织人员。调查发现，很多女孩因为经济原因受到包括身边亲近的人的性骚扰，但她们因为缺乏生活和教育的经验很少向警方报案，许多怀孕女生也是如此。一位受害女生因为离她家步行距离内只有一所私立学校，一位“家庭世交”愿意为她支付学费，并且在她明确拒绝的情况下强迫与她发生了性行为。但她没去报警，因为她不仅担心警察不会相信她，而且还会因此断绝了经济赞助而辍学，而当事人在得知女生怀孕后就逃到了国外。

在卢旺达，许多强奸案的施害者最后没有被定罪，因为很多受害人对施害者有强烈的经济依存关系，很多情况下强奸和性侵更像是一种“性交易”。从各个地区的法院数据来看，性骚扰案件的数量比强奸案增长的速度要快得多。对于性侵的数量和最后定罪的数量有差距的原因，卢旺达最高检察院2010年的报告说，因为缺乏明确定义，或许有很多性骚扰实际上是强奸，这让定罪要素在大多数案件审理中都非常主观，而且有些案件完全没有得到处理，从而导致定罪不足。报告还指出，女性警员不足，很多调查人员是男性，要么缺乏专业技能，要么认为这类案件不需要给予特别的关注，因此很难鼓励女性受害者报警。因此，这类性侵案件的发生还是在于经济上的依存关系。

卢旺达政府在报刊媒体刊登广告，鼓励女孩子们不要同意性交易行为，拒绝他人的性侵犯。1994年内战结束以来，已经有更多女孩接受了小学教育，成人识字率，上中学的机会和工作的机会也都有所增加。但是由于一些家长没有能力支付上中学的学费，有的女孩子陷入了高风险环境。

对那些已经完成了免费的小学教育，但又不居住在221所免费的公立中学附近的女孩子来说，获得学费赞助就成了她们最重要的事情。虽然官方政策允许她们接受免费的中学教育，但只有靠他人的资助才能够上家庭附近的私立学校。为此，卢旺达政府已经采取措施，增加公立小学和初中的教育基础设施，让学生们不必上收费的私立学校。政府还计划将目前还是收费教育的中学3年阶段纳入公费教育。但是，如果最近的公立学校离家距离太远，很多孩子还是别无选择只有去上私立学校。

卢旺达政府和学术界强调了经济上的依赖性和普及中学教育的重要性，但术语通常还是局限在“性交易”上。经济上的依赖可以让施暴者收买受害人，迫使她在被强暴后保持沉默，为了学费而避而不提犯罪事实。鼓励女孩子对性侵说不的政策没有特别强调性侵之后通过金钱迫使受害人缄默的问题。这种利用学费资助来迫使受害人缄默的交易是隐形的。根据2011年在卢旺达东部省和首都基加利进行的调查，定义和区别强奸和性交易在现实中比较困难，性交易意味着某种程度的同意。但如果一名女性在经济上对某人存在依赖关系，她根本就没有说“不”的能力，这就很难判断性行为是否是强迫性的，这也是法律遇到的一个问题。有研究认为，被迫的性行为，性骚扰和强奸是同一社会现象的统一体，其功能就是让男人控制女人。

许多女性受害人并不同意通过性行为换取学费，但因为没钱支付学费，或者由于政策法规中的某些漏洞而导致她们不去报警。研究发现，性侵的危险一定程度上是年轻女性在寻求学费资助的过程中发生的，父亲对女儿有某种意义上的保护作用，而在性行为方面，父母和监护人采用了基于性别的双重标准。这种来自父亲的保护作用有可能体现在经济上的安全感，不用依靠其他年长的男性来支付一些生活必需品。通常是那些需要资助的女性被强奸，但由于经济上的依赖和对失去资助的恐惧，而不敢去报警。这些案例可以修订女性权益保护制度上的缺陷。重要的不是理解为什么未成年女孩同意这种性行为，而是理解为什么不同意这种性行为的未成年人在被强奸后不去举报。

1994年以后，卢旺达政府在保护妇女权益方面颁布了一系列政策。政府采取了一些明确的措施并开展了大规模的宣传活动，警示年轻的男孩和女孩拒绝跨代性行为。带有“你不是用来出售的!”字样的广告牌在卢旺达四处可见。广告图画是一位年长的男性把一打卢旺达法郎递给一位小女孩，而这个小女孩的朋友试图把她拉开，让她拒绝诱惑。

卢旺达还通过了立法来保护强奸受害人，比如2001年的27号法令就是保护小孩免受暴力的权利的。卢旺达在种族大屠杀前后发生的强奸案受到国际上的广泛关注，很多国际组织为强奸出生的孩子提供学费。为了给女性赋权，女孩子的入学率也处于历史新高。女性在经济上的依赖被认为是性侵和性别歧视的一个主要原因，而且，年轻的女孩无法支付学费是这种依赖与性侵关系的核心问题。很多案例中，在巨大的经济压力下，一些年满18岁的女孩不得不同意进行性行为。但是定性分析表明女性并没有让这种性行为成为一种交易的意愿。强奸可以是女性因为所处的危险而不敢拒绝。即使一位女性接受了男性的资助但不想和他有性行为，这也不会使得强奸变成性交易，而是因为应对机制的不同。

一个非常明确的问题就是怀孕可能是强奸造成的，而这又和对学费赞助的依赖有一定关系。怀孕意味着要离开学校，一旦怀孕，对年长男性的依赖会有增无减。现实情况是，在性侵案件当中，如果犯罪者对受害者家庭成员提供经济上的帮助，犯罪者是有可能逃避法律责任的。给受害人造成的最大伤害来自那些让怀孕女学生退学的学校。而这是与教育部2008年关于女生教育的政策背道而驰，卢旺达政府的政策是女孩子们可以在产下婴儿之后回学校继续学业，但现实是有很多女学生被学校除名。

社会需要更全面地理解受害人的动机，包括对完成教育的希望，这些可以解释为什么她们选择不去报警，为什么强奸罪的定罪数量和实际犯罪之间的差距。现代性和女性赋权的提高为杜绝性侵提供了条件，但没有创造出完全独立自主的女性，性侵和强奸后不去报案或者不被定罪更有可能是多种因素的结果。性侵本身是一个单一事件，但也可以是涉及各个机构和社会环境以及个人之间的复杂关系的综合体。如果把性侵本身当作一种单一事件，就有可能忽略未经双方同意的性行为和经过双方同意的性行为之间的差别，有可能让人们得出这样的结论：所有迫于压力的性行为都是双方同意的。但是，模糊强奸和以交易为目的的性行为之间的界限，人们还可能得出另一个相反的结论：那就是存在对性行为说不的可能性，特别是存在金钱交易的情况下。结果，就出现了让女孩子们说不的各种宣传，哪怕她们根本就不可能说不，在强奸发生后因为种种原因以及因学费压力而使得受害人无法报案。法规体系，特别是与未成年女孩怀孕相关的法律以及与学费相关的政策对理解受害人的反应至关重要。学费以及学校对怀孕女孩的政策和赞助人的数量有限等因素使得孩子们成为受害人，并且让司法的判决也出现缺席。

经济上的依赖和性侵之间存在着重要的联系，也表明了经济上的依赖和无法起诉罪行之间的关联。受害人从来都没有自愿成为交易的一方，但她们对他人经济上的依赖使她们没法在法庭上证明这一点。她们依赖对方的资助，对报警的结果缺乏信心，新生儿带来的经济负担，这些都意味着接受学校教育的终结。卢旺达政府采取了若干政策，例如正在讨论的高中免费义务教育等，这些措施能够帮助孩子们减轻经济上的依赖，有利于制止跨代性行为和艾滋病的传播，并防止社会阶层的下降，同时也有利于孩子们对性侵说“不”。

参考文献

Gerver, Mollie 'Sinigurisha! (You are not for sale!)': exploring the relationship between access to school, school fees, and sexual abuse in Rwanda, *Gender and Education*, 2013(2): 220-235.

张诗丹编译

第六章　卢旺达大学生对教学质量的反思

2013 年，对大学生就学习质量的不同反思进行了调查，反思表现在这样几个方面：转化力、实践、知识耐用性和就业能力。结果表明，学校教育和就业之间的关系是学习质量反思的重要方面，这种关系还反映在大学生希望毕业后能够长时期地在不断变化的环境中具备灵活性和适应能力。

全球高等教育都面临在诸多方面不断提升教育有效性的压力，这意味着提高学习和教学质量变得越来越重要。学生至少应当学到一些有质量的东西，但是，教育质量是一个有争议的问题。在知识全球化背景下，政府把教育当作提高国家或者地区竞争优势的手段。因此，政府的政策通常认为学习的质量应该包括学习的实用性，并能转化为学生的就业能力，就业能力也是教育质量非常重要的方面。此外，高等教育的所有人都关注学习质量这一核心问题，但不同的利益相关者对教育质量的反思和偏好是不同的。有的研究将对质量的反思分为 5 个独立但又相互关联的类别：特殊性、完美性或者连贯性、符合目的的特性、投资回报率以及转化能力。另一种反思学习质量的方法是分类法，其强调根据理解的程度所体现的学习成果，而这些学习成果可以被用来衡量学生学习的质量。

学习成果的分类认为学生的理解和学习质量相关，关注学生从学习任务中建构意义的能力，通过将各个部分整合为一个有机整体，从而认知各个部分的意义的能力；通过思考并领会基本原则，对知识加以归纳并且转化应用到未来的不同场景的能力。根据这样一种分类模式，学习质量最重要的指标是学生对学习内容的理解多少而不是他们记住了多少。

相关文献表明，从过程和结果两个方面对学习质量进行反思有不同方法，但如果要确定高等教育质量评估最核心的标准，就必须理解代表不同利益相关者的偏好的质量指标。因此，理解学生的想法非常重要，因为学生才是高等教育的目标，他们对学习质量的看法可以为进一步提高高等教育质量提供一个起点。这对一直处于发展阶段的卢旺达的高等教育尤其重要。

1994 年内战结束后，卢旺达政府公共政策的优先考虑是重建教育，以促进整个国家人力资源的能力建设。卢旺达的教育正经历着充满活力的改革，希望在当今世界的知识社会谋求一席之地，这些改革和全球化对该国发展进程的影响紧密相关。为了获得有竞争力和多样化的经济，卢旺达必须有大量掌握必要技能的劳动力，这样才能在非常复杂的环境中发挥作用。此外，卢旺达正努力和地区乃至世界接轨，国家的目标包括让更多的人能接受高质量的教育，并让公民在国际劳务市场具有较强的竞争力。与学习质量和对人力资本的期望有关的几个特质包括活力、移动性、竞争力以及创新。因此，学习质量和就业能力是卢旺达教育政策的核心。为了应对将来的挑战，卢旺达借鉴了其他国家的政策，比如，卢旺达在高等教育教学实践中引入了博洛尼亚模块化系统（Bologna Modular System），促进以学生为中心的方法来提高学习质量，而不是过去占统治地位的以老师为中心的教育模式。教育系统的这种变化，促使老师考虑学生的各种不同需求，例如教学目标可以通过师生互动来体现。

高等教育优先考虑的另一个问题是高等教育质量转化的适用性。适用性表示教育实现了预期的学习成果，而这些成果通常能满足卢旺达的需求。为此，高等教育的新策略包括让企业主及其他利益相关者参与教育，从而提高课程设置的相关性和毕业生就业能力。根据最近的调查，许多毕业生缺乏职场需要的工作能力和终生学习技能，而这些能力对职场的成功非常重要。高等教育和人力市场联系甚微，学术准备与社会的联系并不令人满意，导致毕业生的就业率低，学生的技能和雇主的需求不匹配。学生对学习经历、学习策略以及学习成果之间的关系有大量反思和不同看法，因为不同的人有不同的经历、想法和理解，同时会结合周围的世界来理解不同的现象。

本次调查分析了受访学生对学习质量的思考，着重考虑不同对象的集体经验而不是个案经历。调查对象是高年级大学生，专业分别是医药学、农业、会计和教育。采访采用了半结构式问题，采访内容包括大学生活感受、学习感受和为未来工作做的准备，特别是学生对学习经历的看法和对学习质量的理解。

从对 20 名学生的访谈中归纳出四种反思学习质量的指标：A 个体转变：把学习质量看作个人发展；B 实用性：把学习质量看作把学到的知识和技能运用到职场环境中的能力；C 知识耐用性：把学习质量描述为知识持续的有用性。D 就业能力：把学习质量看作获得一份工作，表现突出以及在不同环境中工作的能力。

把学习质量看作个体转化，就是对质量的理解集中在个体变化和价值增加的经历。这种理解包括这样几个方面：成为知识分子，感觉更好并且获得知识，自我提升和价值增加是其核心。有一些学生把学习质量看作获得新体验的一个条件，他们把获得新的经历和获得知识联系在一起。还有一些学生认为学习的质量意味着个人的提升和自己的不同之处。具体来说，就是学习质量表示在学校体验知识和技能提升的过程，这和那些不学习或者没上大学的人是不同的。上面的表述包含了所掌握的知识的改变，并且目标是和个人问题和整个教育的环境联系在一起。在大学生的回答中，知识的改变和与工作环境的联系的表述是隐含的，就是说，学习的质量被更多地看作通过大学的学习促进了个人的提升。

把学习质量看作在职场中应用知识和技能的能力，就是表示在职场中可以使用的知识和技能，将理论知识转化为解决实际问题的能力，以及发挥自己专业的能力。因此，学生把学习的质量看作把大学里学到的知识和技能运用到职场的实践能力和执行力。还有一些学生把学习的质量看作具备了必要的技能，帮助自己在工作中找出问题和解决问题。上面的回馈包括了学习和工作的联系。因此，这些对学习质量的反思是以工作为导向的。

把学习质量看作知识的耐用性，就是强调知识的长期有用性，学生们把学习质量和离开学校后知识仍然长期有用联系起来，时间和耐用性成为了关键。这种理解突出了学校获得的知识和工作的需求相关的时间幅度，也暗示了知识与工作需求必须相关才能够有耐用性。

学习质量被看作就业能力，就是说在人力市场竞争和获胜的能力，获得一份工作的能力，表现突出的能力，以及在任何地方都能工作的能力。学生们把学习的质量看作通过获得必要知识和技能来获得工作，或者让自己在人力市场占据优势地位。竞争力，获得一份工作，表现力和在任何地方都能工作的能力，这些构成了以就业力为核心的学习质量。这种观点把职场看作一个竞争的世界，适者生存。学习质量和不同的体验相连，与市场竞争的优势地位相连，与具备技术和能力去超越他人相连。此外，这一观点还包含从个人角度出发的关注和改变环境的能力，以及知识的交流。

通过比较反思学习质量的 4 种观点：个体转变，实用性，耐用性和就业能力，知识成为了联系它们的纽带。这 4 个方法的共同特点是强调知识是最主要的需求。这 4 个方法可以概括为：知识通过提升个人价值对个人转化能力的影响，知识帮助个人以实用的方法来满足工作中的需要，知识和工作需求相匹配从而具备长期的有用性，以及知识帮助毕业生找到工作并维持就业。在后面三种观点之间还能够看到它们之间的联系,那就是知识的转化力,就是学生能从教育领域转移到工作领域,并通过努力获得成功。实践能力、知识的耐用性和就业能力体现了在变化环境中能够长时间内具有灵活应变的能力。因此,学生的观点是有质量的学习能帮助他们在变化多样的环境中成功地运用他们的知识和技能。对学习的理解是另一个连接几个观点的重要因素,理解能力可以让学生把理论运用到实践中,可以让学生在离开学校以后仍然长期受益,对知识和技能的理解可以帮助学生找到工作并发挥自己的长处。另外,个体转化观点专注的是知识的发展,价值的提升以及在正式教育环境中个体的改变。

本次调查关注了学生对学习质量的反思,从而避免了只在教育环境内部中来思考学习质量,而是扩展到探讨教育和就业的关系。

卢旺达的高等教育发生了巨大变化,学习质量成为教育政策的核心。活力、竞争力和创新能力是社会对人力资本的期待。大学生认为学习质量包括个体转化、实用性、知识耐用性以及就业能力。教育和职业的关系非常重要,实践能力或者作用,知识的耐用性和就业能力得到学生的重点关注,并把它们和在大学学习环境中的学习质量联系起来。学生认为学习质量应该能让他们把知识和技能运用到工作环境中,并帮助他们通过努力获得成功。

卢旺达的高等教育机构采用了博洛尼亚模块化系统来提高教学质量,但学习文化、专业设置和学习环境也起到了至关重要的作用。一种提高学习质量和学生就业能力的方法是确保学习过程能帮助学生明白他们学的什么,为什么要学这些内容,以及怎样呈现他们的学习成果,从而让他们具备就业的能力。因此,大学生要具备卢旺达高等教育强调的竞争力和移动性,那么大学教育就更应该强调这几点:提高灵活度和适应能力,让学生成为学习的主导,让他们能够控制、监督并决定他们能学习什么知识来填补自己的空缺,以及如何采取措施实现目标,从而让他们保持就业的能力。如果学生希望变得更加具有能力，有更多可以呈现的知识和技能来证明他们的就业能力，那么学生就必须在学习上承担更多的责任。学生要成为终身学习的人，才能提升和更新自己的知识，不仅是为了确保提升他们的知识的长期有用性，还要确保他们的就业能力在不断变化的职场环境中能够长期得到保持。

参考文献

Penelope Mbabazi Bamwesiga*, Andreas Fejes and Lars-Owe Dahlgren. A phenomenographic study of students' conceptions of quality in learning in higher education in Rwanda, *Studies in Continuing Education*, 2013(3): 337-350.

冯伯韬编译

第七章　卢旺达公立高等教育的开放性研究

高等教育的公平和基于成绩的原则被人们广泛接受，但高等教育的发展与民众对高等教育日益增长的需求不相匹配。为了满足对高等教育需求的增长，2010 年起，卢旺达 7 所公立高等教育机构合并到了卢旺达大学，2013 年 9 月，新的卢旺达大学成立，成为卢旺达唯一的一所公立高等教育学府。

卢旺达公立高等教育机构面临政府对公立高等教育拨款，学生贷款及政府资助这三方面的困难。在 2014/2015 学年，卢旺达大学录取的 11 788 名学生中，只有 6 756 名学生（占该学年录取学生人数的 57.3%）最终注册就读，其他的学生因为学生贷款申请遭拒而无法注册，没有贷款他们无法负担高等教育的费用。这些学生多来自社会底层，都是在中学期末参加了国家考试并且取得了好成绩的学生。因为高等教育体系无法吸收大量的社会底层的求学者，为此，政府的政策是优先发展高等教育的开放教育、远程教育和网络教育几个主要方面。

卢旺达教育部颁发的《教育战略规划：2010—2015》和政府《七年项目》纲要包含了政府教育政策的主要内容。政府《七年项目》文件计划到 2017 年底，通过开放大学、远程教育和网络教育提供 50%的高等教育和 30%的中学教育机会，但相关的教育项目和实施难以满足民众对教育不断增长的需求。在 2012 年到 2013 年期间，卢旺达教育部任命了一个项目特别工作组来促进卢旺达高等教育的开放。这个项目由卢旺达大学实施，但项目的进展遇到一些困难。2014 年 9 月，高等教育委员会组织了一次咨询会，以促进开放教育、远程教育和网络教育从而推动教育的发展。在这次咨询会上，高等教育委员会强调了3方面的目标：传统高等教育50%的比例采用开放教育、远程教育和网络教育方式；为那些因为家庭和工作上的原因而无法接受传统高等教育的学生提供机会；为那些负担不起高昂学费的学生谋求另一种经济实惠的教育之路。政府部门文件支持发展开放和远程教育，但相关的支持政策以及在学校层面的实际行动尚待完善。

开放高等教育领域在5个方面具有可能性：①大规模开放在线课程或者慕课；②开放的教育资源；③开放的学习实践；④开放的教育实践；⑤支持和促进开放学习实践和开放教育实践的政策。

开放教育出现在19世纪，但到20世纪后半期才随着开放大学的出现而得到广泛发展。开放这个概念所表示的具体内容不同，开放教育在不同情况下也有不同的定义。一种观点认为开放高等教育有两个主要内容：开放的入学机会，这和那些高等教育机会少的国家有关；终生学习，这在发达国家特别得到关注，因为接受高等教育的人数上升。也有人区别了传统的开放大学环境下使用的开放，和开放教育资源和慕课所反映的数字化的开放，而开放大学的开放表示几个不同的方面：①开放录取（没有正式的要求）；②时间自由；③地点自由；④学习速度自由；⑤课程自由；⑥向所有人和目标群体开放。不过，世界上没有哪一所开放大学是在所有这些方面都开放的。开放教育、远程教育和网络教育在不同国家可以解决的社会问题各不相同，不可能有一个统一的定义框架。

现在需要支持不同学校根据自己的独特环境处理开放问题，帮助它们更好解决各自面对的突出问题。事实上，很难有一个完全开放的学校，因为其开放课程，远程课程和网络课程依赖开放的准入（包括开放授权的教学内容和开放课程），不可能对上述几个方面面面俱到。很多情况下，开放远程教育里的"开放"与在线和远程教育里的"在线"

是同义词。但是在线的项目和课程并不一定是开放的。例如尼日利亚国立开放大学在 2002 年决定让它的开放远程网络课程实施开放入学。这所大学合并了传统意义上的开放和数字化的开放,使其成为第一所全包容的开放性教育资源大学。14 年后,尼日利亚国立大学已经录取了 455 837 名学生。和尼日利亚国立大学相反,有些开放大学却身处危机或者面临学生录取人数的下降。

目前,对于开放高等教育最成功的做法是以开放授权的方式发表研究论文和出版书籍。通过开放授权方式,可以对文章和论著获得合法的准入、下载、存储、使用、转发和应用。这些授权让不同的教育机构能够免费使用教育材料。但也有研究认为,对开放这个概念的理解存在分歧,这样就使得在开放授权下发表某些文章或者出版书籍产生了问题。

根据开放授权,有三种发表论文和专著的通道。第一通道是文章在开放授权下发表,作者或者他所在的机构不需要支付文章评审费。第一通道对作者和使用者同时开放,它让教育机构、作者以及出版商共享权利和收益,因此,这个通道更具有合作性和广泛收益性,对那些缺乏研究经费来支付文章评审费的作者有好处,特别适用于资源短缺的情况。作者只需要免费提供文章内容,而文章评审费由其他合作方来支付。教育机构和其他合作机构是最大的受益者,因为他们可以从文章发表的当天就免费使用。第二通道是文章通过公开授权发表,但作者或者他们所在的机构需要支付文章评审费,这使得该通道只对最终用户开放。这种部分的开放是不利于作者的,对作者而言,这个方法可能是收益最差的,因为第二通道将文章评审的财务负担从其他参与者转嫁给作者,并且要作者免费提供文章。如果作者不在教育机构工作,并且无法获得研究基金来支付文章评审费,那么第二通道就行不通。而如果由作者所在的教育机构支付文章评审费,那么他们会通过从学生那里收取更多的费用来补偿前期的费用,因此学费可能会上升。高成本的教育资源确实是学费上涨的一个主要原因。通过增收学费来支付版权所有的教学材料或者支付文章评审费成为高等教育开放的一大阻碍。第三通道是按照支付版权所有发表文章,但其公开授权发表的初稿是按照审稿人意见修改后上传到作者或其机构网站上。即便是根据公开授权,作者可以公开初稿,出版商也可以在一定期限内禁止作者公布相关内容。因此,第三通道仍旧给予了出版商太多权利。最近有些出版公司延长禁止令的期限,使得学术界出现反对和不满。从最终使用者的角度,第三通道是三种通道中最不开放的一种。尽管第三通道中机构和作者不用支付费用,但出版商的禁止令使作者和机构在特定时间内如果不付费就无法公开分享、接触并使用有关内容。

虽然公开授权下的学术期刊文章和书籍有所增加,但对这些资源的使用却低于预期。公开教育资源使用水平低的原因是机构开放的领域有限,不足以让使用者创造有价值的东西。在创造价值的过程中,学者会寻找并使用学习资源,从而实现创新的结果。妨碍开放教育资源使用和学生参与开放课程的原因包括对有关学习成果的认可,对开放教育资源和开放教育实践作为学术活动的正式认可,对公开教育资源的产出、使用和分享的激励和奖励的不足,这些都影响了学者的积极性。

现在人们更多的是关注从开放教育到教育开放。有限的教育开放,以及无法通过开放教育资源让更多学生特别是贫困学生获得高等教育机会,最终促成了从开放教育到教育开放的转变。教育开放不仅让开放教育资源体现其价值,也让其他教育因素体现了价值,比如开放学习效果的评估,开放教育服务,鼓励开放学习和开放教育实践的政策等。它让那些已经获得教育机会的人获益,包括正式的学生和那些已经获得大学学位的终身学习者,还能让其他人接触和使用公开授权的教育内容。

教育开放涉及的服务包括对根据公开授权进行的开放学习的效果进行评估。这些服务让那些勤奋的开放课程学习者通过努力获得认可并最终获得证书。这些认可和证书可以让他们不再在职场受到歧视，获得应有的机会，包括就业和接受教育的费用支出，因为在卢旺达，就业和进一步接受教育要求正规的学习证书作为先决条件。这些对开放学习效果的评估和对开放学习的支持通常被称为公开教育服务，或者公开学习服务。

开放教育关注公开授权的教学内容，而教育开放是问题导向的，通过公开授权的内容和公开教育服务为开放学习者创造价值服务。Mulder (2015)认为教育开放包含 5 个维度：①开放教育资源；②面向学习者需求的开放；③开放学习服务；④开放教学措施；⑤面向就业能力和能力发展的开放。这比局限在公开授权的教学内容上所涉及的范围更广。

在卢旺达，大学领导者和政策制定者是否愿意制定这样一种政策，即能够促进学术界参与公开授权的教学内容，参与开放教育服务和学生对开放学习的参与。这种政策需要让各种官方规定落实到实处，让真正的开放教育系统使得任何希望参与到开放学习中来的学生都可以在资源有限的情况下获得学习机会，而无论其社会、经济、民族和地区背景，从而让卢旺达越来越多渴望学习的人不会因为经济原因而无法参与到高等教育中来。

具体而言，就是卢旺达大学的领导和政策制定者在多大程度上制定和实施开放教育政策，认可学术界的开放教育实践和作用，认可自主开放学习所取得的资质。卢旺达大学是卢旺达唯一的公立高等教育机构，而且承担了关于开放高等教育和高等教育开放的项目，配合国家关于开放教育，远程教育和网络教育政策的制定。

对卢旺达大学的领导和政策制定者进行的访谈中，受访者强调了一系列政策文件，表明大学领导人和政策制定者已经达成一致并且支持最终的政策文件。这些文件涉及：①开放准入政策和程序；②对开放和远程学习的学术规定；③对学术人员的任命和提拔的政策和程序，这些文件对学术界的开放教育实践，自主开放学习的成果表现了认可。

卢旺达大学开放准入政策和程序文件认可学术界对根据公开授权的资源的贡献，认可自主开放学习所取得的资质。文件提倡开放出版物的准入，让更多人可以接触卢旺达大学的学术成果。受到 2003 年关于自然与人文科学知识的开放存取的《柏林宣言》鼓励，卢旺达大学于 2014 年 11 月 24 日成为该宣言的签字成员，并且在文件中支持自由使用其研究成果，让更广泛的社会受益。

卢旺达大学的政策文件还鼓励研究者在开放准入的期刊上发表文章，支持在第三通道发表文章，但是同时规定，如果合适并且有足够的资源，也支持第二通道。政策文件规定，在第二通道条件下发表的文章“根据出版商的要求，可以在公开准入的期刊上免费发表，或者在支付文章评审费后发表”。

对开放和远程学习项目的学术规定是对卢旺达大学开放远程学习实践给予的指引和认可，政策文件支持对自愿开放学习的学生成绩进行评估。

政策文件也支持对开放教育服务的认可，例如文件第 31 条规定每一个学习模块是在模块开始就注册，而不是像传统教育模式那样在学年初注册。不过第 48 条规定，重新注册录取要按学期制进行。第 88 条规定，如果要通过一个学习模块，参加讲座，实践课和课后辅导以及面授的出勤率原则上要达到 80%。规定没有强调开放学习成果，开放教育服务和其他开放教育实践，或者使用公开授权的学习资源和课程等的评估。

关于学术人员任免和提拔的政策和程序规定，获得学术提拔的业绩分为五类：①研究；②在高等教育机构任教；③知识转换/产生收入；

④学术管理;⑤社会贡献和参与。政策还规定,如果申请者的表现超出了所要求达到的水平,那么有可能越级提升,但越级提升只是在提升为高级讲师时有效。学术级别的提升有三年间隔期,政策和程序同时还提到了学术提升中对学术管理的认可,但是,没有具体说明怎样的学术管理或者条件满足提升要求。

同样,政策和程序强调了教学的创新,但没有具体说明怎样的创新满足提升要求和评判标准。政策文件提到发明、创新和参与社会和经济发展活动都是提升时会加以考虑的指标,这些活动通常是以作品发表的形式出现的,包括专著、光盘、教材、被引用的文章、讲座演讲稿、实践议定书和咨询报告等,也包括艺术品、专利、与商业公司的合作和授权协议、国家级合作学校内部讲座邀请、主持研讨会、担任行业顾问、作为战略伙伴,为经济和城市发展做出贡献。

对相关人士的访谈也集中在对开放教育实践参与的认可。采访结果归纳了几个不同的主题,其中两个主题是:①增强意识,鼓励开放准入的出版;②对开放电子资源准入的垄断。

虽然政策文件明确表示提倡开放准入出版,鼓励研究人员在开放准入期刊上发表研究论文,但接受采访的卢旺达大学管理人员对开放准入的免费出版渠道提出自己的看法,他们说,真正强调的不是是否是开放准入,而是希望研究人员在学术声誉高和值得信赖的期刊上发表文章。卢旺达大学一位学者在放弃了文章版权后,才在某个学术期刊上发表了一篇文章,但他和他的学生如果不付费就无法再使用和转发这篇文章。受访者认为这是作者自己对发表文章作的选择,因为他们自己认为这样的期刊更有权威。受访者也认为,在开放的期刊上发表文章如果需要付费,这也是作者自己的选择。但如果要在开放期刊上发表一篇文章,一个卢旺达大学的学者需要为此支付等于他们六个月薪水的费用。卢旺达大学有的学者在决定和这些出版商合作的时候,他们对其他免费的开放准入的出版发行渠道知之甚少,希望学校管理当局应该更多地宣传这些发表渠道。

在对开放电子资源的垄断上，受访者强调卢旺达大学的主要问题不是对教学资料的获取，而是缺乏阅读的文化氛围。卢旺达大学可以进入 5 633 000 个电子资源，而使用的比例不到 2%。这些电子数据资源是由瑞士国际发展合作署(SIDA)赞助的，但只有卢旺达大学和另外 58 个相关的教育机构和国家图书馆的学者可以接触到这些数字资源。

对开放教育资源和慕课而言，对使用这些资源的学习者的学习成果和课程的参与进行评估，对学者参与开放教育实践的认可都非常重要。对与开放教育资源相关的实践缺乏认可阻碍了对这些资源的使用，其他阻碍因素包括回报低而缺乏动机，缺乏对开放教育资源的生产、使用和分享的激励或奖励。

开放准入政策和程序是提高开放教育和教育开放意识的起点，卢旺达大学的政策文件没有明确说明如何鼓励和激励学者参与这类活动，没有强调对学者和大学本身会带来经济收益的第一通道。对作者和使用者同时开放的第一通道的缺乏使得学术人员服从出版商的利益。因此，卢旺达大学的开放准入政策和程序应该帮助学者找到安全和免费的开放教育实践路径。

开放和远程教育项目的学术规定也受到传统教育实践的影响，这些政策文件需要满足教育开放所需的关键条件：①在开放学习中使用公开授权的教学内容，并且支持这种学习方式；②对开放学习的成果进行评估；③认可学者的开放教育实践，这样就可以有效解决学术界对开放资源使用低的问题。相关的开放教育实践包括使用公开授权的教学内容来帮助学习；评估开放学习成果。因此，与此相关的规定可以让那些贫困但是愿意参与开放学习的学生获得机会。对学术人员的任免和提拔的政策和程序需要结合实际环境，根据卢旺达高等教育自身特点和需求，设计出鼓励学者参与解决这些问题的政策，让学者们因为他们对社会和经济的发展的贡献得到提升。通过使用开放教育实践，让学者和院校避免出版商的剥削，让更多贫困的卢旺达学生接受高等教育，这些学生是卢旺达劳动力和人力资源的重要组成部分，提升他们的价值的方法就是教育赋权。这些做法将有利于卢旺达社会和经济发展。

可以有多种方法解决卢旺达大学电子数字资源使用水平低的问题。以前访问这些资源的"门槛"是必须和某个高等教育院校有联系，而教学内容的数字化和在线化消除了这种"门槛"。但在卢旺达大学，2014—2015年学年招收的考生在根据国家考试中的成绩录取后，有42.7%的学生因为没有获得贷款而无法上学。因此，这些贫困学生无法和大学建立联系。在开放教育的环境下，开放资源通常指的是公开授权的材料。如果卢旺达大学的电子资源是公开授权的，那么，那些贫困学生就能够以可以承受的媒介手段接受知识。

缺乏阅读文化对学习的影响容易克服。如果学生的学习成果对他们的就业和能力发展有帮助，那么他们就更愿意参与到开放学习中来。在卢旺达，非正式注册的学生寻找学习资源，自己学习，参加国家考试，努力争取获得正式的文凭或者达到学生贷款所要求的分数线。许多非正式学生在第一次或者第二次失败后继续学习，努力再参加国家考试，以能够获得文凭或者获得学生贷款，这是让这些学生参与非正式学习的催化剂。那些无法上大学的贫困学生如果愿意按照公开授权的教学内容参与开放学习，并接受学业评估，应该根据他们的成绩和正式学生一样授予证书和认可。对开放教育学生可以收取少许开放教育服务费用。但是这种做法必须在教育开放的环境中实施，要制定符合实际环境的政策，开设与实践相关并且是以能力本位的开放课程。

在卢旺达，学生上大学的需求不断增加，开放远程网络教育的呼声强烈，但学生的需求尚未得到充分满足。开放高等教育的实际行动需要更多地得到落实，当前的政策对此也应该更多地鼓励。开放的准入政策和程序需要和实际环境结合，对开放和远程教育的学术规定也需要结合实际情况：①在开放学习时使用公开授权的内容，并支持这种学习模式；②评估开放学习的成果；③承认学者的开放教育实践。对于学术工作者的任免和提升，可以根据卢旺达高等教育的具体情况量身定制。

卢旺达教育部从 2014 年起和微软公司开始合作，计划让所有的教育数字化，如果该计划实现，会让卢旺达超过大部分非洲国家并且在全世界居于前列。该计划第一阶段于 2017 年 6 月份开始实施，目标是到 2020 年，所有学校要有两个智能教室和一个全数字化教学大纲，通过互联网的使用和普及计算机知识来降低学习材料和书本的成本。卢旺达教育部的官员表示，其目的是要确保卢旺达的学生成为全球公民，让他们不仅能够在本地和非洲大陆工作，还要让他们能在世界上的任何地方工作。

开放的教育和远程教育政策对鼓励不同利益相关者参与高等教育实践非常重要，政策需要体现这些利益相关者的价值观和收益。根据对卢旺达高等教育开放性的政策文件的分析和对卢旺达大学的领导和政策制定者的采访，目前的政策对高等教育开放性的支持不够，相关的政策文件在某些方面脱离了目前的环境。因此，如何让这些政策适合当前的高等教育环境，从而有利于促进高等教育的开放性是一个重要议题。

参考文献

Mulder, F. Open (ing up) Education for all … Boosted by MOOCs? In C. J. Bonk, M. M. Lee, T. C. Reeves, & T. H. Reynolds (Eds.), *MOOCs and open education around the world* (pp. xviii-xxvii). London: Routledge. 2015.

Nkuyubwatsi, Bernard. A Critical Look at the Policy Environment for Opening up Public Higher Education in Rwanda. *Journal of Learning For Development*. 2016 (2):47-61.

Rwanda opts for total digital education, *New African*. 2017:8

张诗丹编译

第三篇
卢旺达的语言政策

第一章 卢旺达语言政策演变及影响的多视角分析

卢旺达位于非洲中东部，主要由胡图族、图西族和特瓦族三个民族构成，胡图族占人口大多数，图西族和特瓦族占人口少数。独立以来，特别是1994年种族大屠杀后，政府的更迭也带来语言政策的改变。语言政策的改变受到社会政治、经济和种族等多方面的原因，对教育、社会重建和身份认同具有巨大影响。本文首先分析了卢旺达社会语言现状，然后分析语言政策改变的多种原因，造成的影响和对策。

一、卢旺达社会语言生活

卢旺达目前使用四种官方语言：母语基尼亚卢旺达语，使用人数超过90%，前比利时殖民时期留下的法语，1996年开始的英语。2017年，下议院通过法律正式确认斯瓦希里语成为第四种官方语言。

在1994年大屠杀事件后，卢旺达与法国关系恶化。2006年，卢旺达与法国中断外交关系，驱逐了法国大使，关闭了法国文化中心、国际学校和广播电台。两国关系在2009年恢复。2007年，卢旺达加入包括乌干达和坦桑尼亚的东非国家共同体。2009年，卢旺达加入英联邦组织，积极发展与西方英语国家和邻国关系。2014年，卢旺达加入中部非洲国家经济共同体。

（一）卢旺达主要语言分析

社会语言学关注的重点之一是语言的使用人数，使用范围和频率，语言地位和功能，从而厘清语言和社会的互动关系。因此，本文首先分析卢旺达的四种官方语言。

1. 基尼亚卢旺达语

基尼亚卢旺达语是卢旺达人们日常生活用语和小学低年级教学语言，使用者超过 90%，它体现了“卢旺达特质”的核心。绝大多数人卢旺达人只会使用该语言。与大多数非洲国家是多语社会不同，基尼亚卢旺达语是卢旺达唯一全民族通用的本土语言，是各民族的黏合剂。但是，民众的基尼亚卢旺达语读写程度低，高质量的基尼亚卢旺达语课本和书籍少。在广告牌和标示上，基尼亚卢旺达语的使用频率低于西方语言。法语依然保持了其威望和政治权势语地位，小学生升入中学要经历从基尼亚卢旺达语到法语或者英语的转换。尽管基尼亚卢旺达语享有唯一的母语的独特优势，但并非是文化、社会和经济领域的主要语言。

2. 法语

法语在 1890—1962 年比利时殖民统治期间成为卢旺达官方语，并且在独立后保留。1994 年以前，卢旺达是法语国家组织成员国。自从 1994 年内战和大屠杀以来，卢旺达与法国对立加剧。2008 年，卢旺达宣布使用英语替代法语作为教学语言，并且认为，英语国家是更广泛和可靠的发展援助和知识来源渠道。法语的影响从 1994 年来逐渐减少，但仍然是卢旺达社会生活的主要语言，在广告和商店招牌使用上比英语和基尼亚卢旺达语都多。在具有读写能力的人群中，法语使用更广泛。使用法语者是卢旺达人口的 3%～5%。

3. 英语

1994 年卢旺达爱国阵线获取政权后，大量使用英语的逃亡者从邻国返回卢旺达，因为他们流亡和成长在乌干达和坦桑利亚等使用英语的国家。1996 年，卢旺达政府将英语作为第三官方语言。英语使用者是卢旺达人口的 2%～5%，英语是社会精英和权势群体的语言。普遍而言，人们的英语水平和英语学习资源有限，结果催生了昂贵的私立英语学校。现在学校的法语教师要在晚上和周末学习英语，担心会失去工作。

4.斯瓦希里语

2017年，斯瓦希里语成为卢旺达第四种官方语言。政府的目的是更好地融入东非共同体一体化进程，但使用该语言的人数不多。

(二)卢旺达主要语言使用领域分析

卢旺达的四种官方语言地位不平等，使用的领域也不清晰。在官方领域(法律、行政、司法和执法)，正式领域(教育和媒体如广播电视)和商业领域(广告和招牌)中语言的使用有不同的特征。

1.官方领域的语言使用

根据2003年法律，卢旺达三种官方语言地位平等，但在官方领域的使用中存在差别。卢旺达法律文本使用三种语言，政府公告的语言顺序是基尼亚卢旺达语、英语、法语。在2006—2008年期间，政府机构内部使用最多的是基尼亚卢旺达语。地方行政部门几乎都是使用基尼亚卢旺达语。议会议程也多是基尼亚卢旺达语，尽管有语码混合现象。卢旺达军警以前多是使用基尼亚卢旺达语，现在多是英语，因为军官的训练背景是英语。具体而言，卢旺达军警在正式和非正式口语中多是使用基尼亚卢旺达语，在正式书面文件是基尼亚卢旺达语和英语。司法系统多是使用基尼亚卢旺达语，然后翻译为各种官方语言。

卢旺达身份证和护照是使用三种官方语言，但顺序不定。1997年后的身份证是基尼亚卢旺达语、英语、法语顺序。2004—2005年后的护照也是如此，但也有法语和英语的顺序调换的情况。在货币上，中间是法语，英语和基尼亚卢旺达语各在一边。硬币是基尼亚卢旺达语，邮票则是法语。

官方的标牌语言各异，教育部标牌是按照基尼亚卢旺达语、英语和法语顺序。议会中姓名、职务和指引牌是法语和英语顺序。办公室多是法语，但显示选举结果的电子牌是英语。街头的老招牌是基尼亚卢旺达语和法语，新招牌和官方文本是英语。在官方领域，基尼亚卢旺达语使用最多，法语和英语稍后，斯瓦希里语微乎其微。

2.正式领域的语言使用

卢旺达小学为6年，1～3年级为初小，4～6年级为高小。中学6年，初中3年和高中3年，高中分普通教育或者职业教育。卢旺达独立后，法语是大中学的教学语言。1994年后，教育体制改革，初小学习法语或者英语的孩子4年级后继续学习法语或者英语。1996年颁布并且1997年实施的新课程标准规定了三种教学语言，初小是基尼亚卢旺达语，法语和英语是作为选修课程。2003年颁布的教育语言政策规定：初小教学语言是基尼亚卢旺达语，高小和中学使用法语和英语。2003教育法的35条规定：基尼亚卢旺达语、法语和英语是必修课，初小法语或者英语每周4节，高小5节，基尼亚卢旺达语每周7节和6节。

尽管法律规定基尼亚卢旺达语是初小的教学语言，在2006—2008年期间，首都基加利很多公立学校的教学语言是法语，学生准备参加法语的4年级考试，私立学校也多是法语。英语作为教学语言进展缓慢，特别是农村地区。

在大学层面，卢旺达国立大学和从1994年起建立的私立大学将英语和法语作为教学语言。80%的学生的第二语言是法语，所以，卢旺达国立大学和基加利教育学院开设了一年的语言补修课程。选择英语或者法语主要是依赖教师的语言能力。在口语交流和书面交流上，各个大学不一致。非正式书面交流是基尼亚卢旺达语。

2008年，卢旺达颁布新的教育语言政策，政策规定所有公立的大中小学使用英语，并且要求政府公务员学习英语。这一教育语言政策的改革使得母语基尼亚卢旺达语失去了作为教学语言的地位，在大中小学各个层面，英语和法语的使用已经超过母语基尼亚卢旺达语。

卢旺达没有大众传媒语言使用相关的法律规定，而由媒介自由选择。政府 20 世纪 60 年代建立的卢旺达广播电台使用的是基尼亚卢旺达语、法语和斯瓦希里语，主要是基尼亚卢旺达语。在 1989—1999 年期间，基尼亚卢旺达语和斯瓦希里语逐渐减少，法语保持不变。在 1999—2006 年期间，法语减少，基尼亚卢旺达语增加，英语和斯瓦希里语保持不变。私立广播电台也大多数使用基尼亚卢旺达语，也使用法语、英语和斯瓦希里语。

1992 年成立的卢旺达电视台使用基尼亚卢旺达语和法语，1994 年后增加英语。1999 年，基尼亚卢旺达语的使用为 42.9%，法语是 36.3%，英语是 20.8%。2006 年，基尼亚卢旺达语使用是 34.3%，法语是 26%，英语是 39.7%。英语增加，基尼亚卢旺达语和法语减少。

2006 年统计的 24 种单语报纸杂志中，有 16 种是基尼亚卢旺达语，法语和英语分别有 4 种。基尼亚卢旺达语的报纸发行最多。60.4%的单语报纸杂志是基尼亚卢旺达语，其他的是两种或者三种官方语言。在报纸广告语言上，英语增加，基尼亚卢旺达语和法语下降。

3. 商业领域的语言使用

据 2006 年的调查，商业招牌大量使用法语和英语，分别是 35%，基尼亚卢旺达语仅占 15%。店面名称中，法语占 41%，英语占 23%，基尼亚卢旺达语占 7.4%。

可以看出，在三个主要领域的语言使用上，基尼亚卢旺达语的地位最强，然后是法语和英语，斯瓦希里语最后。2006—2008 年期间，政府机构正式与非正式交流主要语言是基尼亚卢旺达语，但 2008 年政府政策出台后发生改变。在教育领域，基尼亚卢旺达语作用下降，英语和法语使用增加。2008 年语言政策改革后，英语成为唯一教学语言。在高等教育,基尼亚卢旺达语在非正式交际和内部交际使用多,但英语和法语使用逐渐增加。大众传媒使用基尼亚卢旺达语最多,特别是广播和报刊,但报刊广告法语多。

2008 年开始的语言政策使得基尼亚卢旺达语的主导地位受到威胁,英语在教育和行政领域的功能增加,地位上升。但这一政策有可能导致新的不平等,影响母语读写能力的发展和社会经济发展。

二、卢旺达语言政策与法规

语言规划和政策受到社会政治经济各方面制约,也对社会政治经济各方面产生影响。1994 年大屠杀后,大量使用英语的图西族流亡者返回,他们在掌权之后开始了向英语的倾斜。1996 年以来的卢旺达语言政策在内战后的社会重建中起了重要作用,卢旺达政府希望语言政策能够满足两个需求:社会符号需求(民族认同)和工具需求(行政效率)。社会符号功能由民族语言表示,因为大多数卢旺达人只能使用基尼亚卢旺达语,其代表卢旺达民族身份。工具功能由官方语言表示。

卢旺达在 2008 年颁布的语言政策,其目的是希望公众开始语言转换,落实卢旺达爱国阵线在 1996 年宣布的英语作为官方语言的政策。当时政府要求教育部实施紧急项目,在所有小学、中学和公立大学和政府支持的学校使用英语作为唯一的教学语言。卢旺达政府推行的这一新的语言政策是希望促进社会和谐,教育改革和民族团结,让卢旺达能够更多地参与全球经济发展。政府认为,英语是地区性和全球性科学,贸易和经济领域的主要语言,有助于民族和解和提高生活水平。但语言是群体归属和身份的标识,语言政策的变化和实施必然影响社会多个方面。

1. 教育语言政策的演变

1994 年前,大中学教学语言是基尼亚卢旺达语和法语。1994 年大屠杀后,随着流亡者返回,使用英语的教师和学生逐渐增加。教育面对的是接受了不同语言教育背景的学生,为适应卢旺达的社会,经济和政治环境,政府决定英语作为官方语言,出现了使用法语和英语的学校。在1996—2008年期间,卢旺达的教育语言是三语政策,要求1～3年级使用基尼亚卢旺达语,4年级起使用法语和英语作为课程和教学语言。高等教育的教学语言是英语和法语,对语言困难的学生开设有辅导课程。2008年,卢旺达颁布新的语言政策,从2009起,法语不再是教学语言,英语成为大中小学唯一的教学语言,小学一年级开始学英语,中学入学考试也是英语。在中学和大学,英语是教学语言,基尼亚卢旺达语作为课程学习。但学生在中学有可能学的是英语或者法语,而卢旺达日常生活是基尼亚卢旺达语,这样,就出现卢旺达的教学语言和日常语言的分离。因为英语教师缺乏,学生的英语和法语程度不高而导致了教育质量下降,2011年,政府决定基尼亚卢旺达语重新作为教学语言。

2.宏观和微观语言政策

语言政策需要区别宏观语言政策和微观语言政策实施。卢旺达的宏观语言政策是2003年宪法第五条:基尼亚卢旺达语是民族语,并且与法语和英语一道是官方语言。但基尼亚卢旺达语是主要官方语言,其他是次要语言。议会的语言选择和使用是微观语言政策实施,在卢旺达议会与语言选择有关的文件中,三个语言是平等的。微观实施通常在没有宏观政策或者宏观政策覆盖不足的地方出现,如家庭语言政策。

作为宏观政策,卢旺达宪法没有语言使用的详细规定。在卢旺达议会2005年和2006年的组织法中有4篇涉及语言的文件。官方语言使用涉及规范和顺应模式和官方语言权利模式。规范和顺应模式表示公共交际(法律,政府,教育等)的规范语言,顺应则是针对规范语言不熟练的群体。官方语言权利模式表示各种语言的平等。

宪法第五条明确规定了三种官方语言,没有按照字母排序,表明有第一,第二和第三官方语言。基尼亚卢旺达语是主要语言,其他语言是次要语言。因此,卢旺达宏观语言政策是基于规范和顺应模式的。议会2005年和2006年组织法没有谈到语言选择而是笼统表示官方语言,所以,语言是可以选择的,议员的提案可以使用3种官方语言的一种,所以,议会的微观实施是官方语言权利模式的。官方语言不同于民族语言是因为要满足工具作用(行政)和交流需求。

因此,卢旺达宪法和议会组织法存在两种不同的语言政策,对语言的选择不同。宪法是地位规划,基尼亚卢旺达语是主要语言,采纳的是规范和顺应模式,母语是规范的。议会组织法是三种语言平等,是官方语言权利模式。

3.语言政策制定的思考

对卢旺达语言政策的讨论主要集中在英语和法语的选择上,而基尼亚卢旺达语出现缺位。基于欧洲语言选择而不是当地语言和外语的辩论掩盖了语言规划的其他问题。在全球化背景中,非洲必须发展非洲语言,加强和保护其文化和语言遗产。尽管英语是全球语言,是社会政治、经济和科技的国际语言,但卢旺达的语言政策不能让语言选择重新回到新的语言殖民化,只关心殖民语言而忘记自己语言的价值。Rurangirwa(2012)认为卢旺达需要“积极”的语言政策,它不反对外语,但也考虑非洲语言的当地价值,可能的发展和符号价值,能够确保语言和文化的和谐和多元化。外来语言没有对非洲现代化进程的垄断权利,非洲语言的语言和词汇特征能够有利于国家的现代化,促进非洲语言不仅是保护语言和文化遗产,还能够在日常交际和社会交往中起到重要作用,在社会发展中起决定作用。

三、面临的挑战与对策

(一)教育领域

语言政策，特别是教育语言政策的改变给教育带来多方面的挑战。

1. 对语言能力的挑战

教学语言转换所面临的第一个困难是教师缺乏。卢旺达的31 000名小学教师中，仅有4 700名学过英语，12 000名中学教师中，仅600名学过英语，小学升学率仅为50%。很多卢旺达年轻人没有学过外语，原因包括学校教学资源、课本和教师的缺乏、经济原因、家长的态度和贫困、辍学率高。而重要的是，读写能力不等同于口语技能，需要长期发展。

教师缺乏给教学带来困难。在首都基加利，有一些学校使用英语或者法语。对学生来说，他们的困难是从母语转换为法语，现在又转换为英语。许多学生进入大学后语言能力不够，只好第一年参加语言培训。条件差的学校无法开设法语和英语的平行课程，教师只好使用母语和外语教学，导致两种语言读写能力的发展都不充分，而牺牲母语读写能力来早期学英语并不能确保卢旺达融入世界市场。

2. 学习策略的选择

使用什么语言作为教学语言对促进学习至关重要。理论上，只要熟悉该语言，就不会对学生的理解和思维造成影响。从2009年起，英语成为卢旺达大学唯一的教学语言，但卢旺达学生英语能力不够，导致大学生使用英语理解课程和记笔记困难，课堂参与度低，阅读困难使得归纳、组织和陈述知识困难。因此，教师和学生采取了多种学习策略以促进学习，例如小组活动和语码转换。

学生使用辅导和同伴支持策略，小组活动，大量阅读策略，集体完成作业和背诵。语码转换策略是使用不同语言来促进专业知识理解。学生语言背景涉及不同语言，母语基尼亚卢旺达语被使用为共同语言。通过语码转换，即使练习是英语，讨论也是母语。在课堂，教师也多使用母语解释和澄清关键概念，促进理解。

3.学习动机

动机是第二语言学习的重要因素，包括综合性和工具型动机，也包括外部和内部动机。卢旺达大学生的英语能力和学业要求不匹配。但卢旺达学生还是希望学习英语，主要动机是因为英语是国际语言。在对大学生进行的抽样调查中发现，卢旺达大学生有较强的学习英语动机，知道学习英语的好处，例如商业、社会经济、工作和出国机会，加强与东非国家和英语社区的合作，促进跨文化交际。因此学习动机是工具为主型。

4.多语教育政策的选择

卢旺达教育现状说明，英语作为唯一教学语言不利于贫困孩子，应该发展他们的母语读写能力，否则他们的英语读写能力也难以发展。多语教育政策让基尼亚卢旺达语也作为教学语言，有利于双语群体，让孩子有更多教育机会，普及教育和发展母语读写能力，然后才学习英语和法语。这样的教育语言政策不排除英语，但又避免因为语言而形成的教育资源和机会的不平等，最终学校能够使用英语和基尼亚卢旺达语的双语。因此，2011 年，卢旺达政府决定基尼亚卢旺达语重新作为教学语言。

5.身份认同

卢旺达语言政策在某种程度涉及身份的认同。语言政策与身份、政治、社会和经济密切相关。

首先，语言选择与种族问题关系密切。卢旺达有胡图族、图西族和特瓦族三个族群,整体上。胡图族倾向法语,图西族倾向英语。卢旺达对法语和英语的选择成为确定群体归属的一个因素。在卢旺达语言环境中,语言的选择和战争的经历可以区别群体的种族归宿。1994年大屠杀后返回卢旺达的人群多是使用英语的图西族,而居住在卢旺达的大屠杀幸存者也有使用法语的图西族。

其次,语言是身份认同的表现。一般来说,相同种族的群体共有相同的语言、文化、宗教和习俗。因此,卢旺达政府认为,卢旺达人有相同的语言基尼亚卢旺达语、文化、宗教和习俗,所以有相同的种族。在1994年大屠杀后,卢旺达政府认为,种族划分是比利时殖民时期的产物,所有卢旺达人都使用基尼亚卢旺达语,都是卢旺达公民,也就是同一个种族。卢旺达政府还认为,卢旺达社会分歧和种族冲突的根源是殖民统治。尽管社会阶层和财富的社会差异在殖民地之前就出现,但殖民者为了殖民统治而有意地进行种族化,从而分裂了社会,加深了民众的敌意。卢旺达的内战和冲突就是基于身份的冲突。

卢旺达上议院(2006)对种族的定义是:共享的语言(基尼亚卢旺达语)、文化、宗教和领土等足以表示共享的种族特征。卢旺达政府根据这一观点解释了卢旺达社会现状:

从来不存在"胡图族国家""图西族国家"和"特瓦族国家"。卢旺达人在殖民时期前共享宗教,也共享一种语言——基尼亚卢旺达语。

6.母语的本体规划

为促进共同身份的建构,卢旺达使用了许多基尼亚卢旺达语的概念和术语,例如词汇 kwibuka 表示纪念大屠杀20周年;词汇 umuganda 表示为了共同目标共同努力,现成为一个公益活动日,如环境清洁活动。卢旺达建立了 the Agaciro 发展基金。Agaciro 表示"自尊"。词汇 girinka 是养牛的意思,牛是卢旺达财富象征,现在表示农业发展项目。该项目在2015年帮助350 000个家庭养牛。词汇"itorero"表示文化学校，现在作为公民教育机构 Musiitwa。上述例子说明，母语词汇完全能够解决和解释术语和概念问题。

四、结束语

卢旺达语言政策的改变有多种原因，包括促进民族和谐，重塑卢旺达的身份，加强与英语国家的联系，促进经济发展等。但是，将英语作为唯一教学语言和政府工作语言会带来一系列问题。英语是与特定的身份和社会群体相联系的，是卢旺达社会政治和经济精英的语言，使用英语的群体更有社会经济优势。语言政策改变是卢旺达政府努力发展经济，建立新的卢旺达形象的措施之一。而语言政策必须有利于改善母语读写能力和提高教育质量，有利于包括农村人口的社会群体，才能够对未来社会经济和政治发展有积极影响。作为唯一的民族语言，基尼亚卢旺达语能够确保卢旺达政治、经济、社会和文化发展的实现，成为政府和民众的沟通工具，其应该恰当和有效地使用在国家生活各个方面。

本章作者为曾广煜、张荣建。原载于《外语教育与翻译发展创新研究》(ISBN 978-7-89509-154-2)。

第二章　语言教育政策与民族身份认同——对卢旺达的个案考察

目前可见的关于语言政策的研究，最早的是苏联针对其多语并存的社会现实而提出的一系列语言使用方面的政策。苏联本就是多种文化、多个民族、多种语言共存的社会，其后解散为不同的国家，现在的俄罗斯依然聚集了不同文化特征的100多个民族，境内广泛使用着多种语言。作为多民族的国家，俄罗斯从国家利益和身份认同的角度出发，其语言政策也经历了多次变革。可见，语言政策从开始就与多民族国家的政治管理等有关，和谐的语言政策对多民族国家的和平稳定和经济发展有利。语言政策包括官方语言的确定、语言教育、语言管理和语言意识形态等方面。其中，语言教育是实施语言政策的主要途径，使用什么语言作为教学语言，将什么语言作为第一外语，对待境内各语言的态度是怎样的等，都是语言教育政策要考虑的。非洲国家普遍存在多语言现象，而卢旺达是个特例，全国99.4%的人都说卢旺达语（Kinyarwanda），虽然卢旺达语也在卢旺达周边地区使用，但以卢旺达语为母语的人几乎全是卢旺达人。在这样一个单一的语言环境中，卢旺达的官方语言却几经更换，教学语言也变来变去。卢旺达的语言教育政策为何不断变化？是否与卢旺达种族问题有关？我们从语言与民族身份认同的关系角度审视了卢旺达的语言教育政策，以期对多民族国家的语言教育政策有所启发。

一、卢旺达语言使用现状

卢旺达人几乎全部以卢旺达语为母语，但卢旺达语并不是卢旺达境内唯一使用的语言。据卢旺达2002年的统计报告,卢旺达人中有3%的人使用斯瓦希里语(Swahili)这一东非区域交际语,3.9%的人使用法语,1.9%的人使用英语作为第二语言。(详见表1)

表1 卢旺达语言使用比例统计表

语种	城市人口	农村人口	青年人群	老年人群	总计
卢旺达语	98.4%	99.6%	99.4%	99.6%	99.4%
法语	12.2%	2.3%	7.2%	2.7%	3.9%
英语	6.0%	1.1%	3.3%	0.8%	1.9%
斯瓦希里语	12.2%	1.3%	6.4%	4.4%	3.0%

城市人口中有12.25%人使用法语和斯瓦希里语,英语仅有6%。2002年时,以英语为第二语言的人数明显少于以法语和斯瓦希里语为第二语言的人。但即便如此,我们对比卢旺达政府于1991年和1996年的统计数据,依然可以看出英语的使用人口比例明显上升了。(详见表2)

表2 卢旺达语言使用人口比例变化表

语种	1991年	1996年	2002年
卢旺达语	—	88.8%	99.4%
法语	5.1%	3.6%	3.9%
英语	0.8%	0.4%	1.9%
斯瓦希里语	2.3%	2.0%	3.0%

目前可以参考的官方数据是卢旺达多个部门2005年发布的统计数据,其中1991年并未统计卢旺达语的使用人口。这期间,英语和法语的使用人口发生了比较明显的变化,斯瓦希里语的使用现状都与卢旺达的语言教育政策有一定关系。当然,其语言教育政策并不都是卢旺达政府主动选择的结果,这与卢旺达的历史也密切相关。

二、卢旺达语言教育政策的沿革

(一)殖民地时期的语言教育政策

1907—1916 年,卢旺达被划归德属东非(German East Africa),德国在非洲的殖民地的通用语言为斯瓦希里语,因此当时卢旺达的语言教育主要是斯瓦希里语和德语,也有部分卢旺达语。同时由于教学者也都是西方传教士,他们并不懂卢旺达语,所以斯瓦希里语既是教学语言又是教学科目。第一次世界大战后,卢旺达于 1917 年开始由比利时委任统治,第二次世界大战后被比利时"托管"。在比利时殖民期间,殖民者对卢旺达的语言教育政策实施了改革。由于比利时以法语为官方语言,在其殖民卢旺达时,法语遂成为通用的行政工作语言(Administration Language)。教学中,斯瓦希里语逐渐被卢旺达语所取代。1929 年开始,比利时殖民者将卢旺达的教育体系分为两种,一种是城市学校,一种是乡村学校。城市学校从小学开始就要学习法语,乡村学校可以使用卢旺达语教学,并且可以选择是否将法语作为一门课程来学习。其时,法语被当成强化比利时对卢旺达统治的语言工具,尤其是加强城市人口法语教育,促进行政工作系统全部使用法语,是当时主要的目的。

1948 年后,不同类型的学校开始使用其他多种语言。北部省鲁亨盖里(Ruhengeri)的印度学校使用古吉拉特语(Gujarati),商业中心的伊斯兰学校使用斯瓦希里语,比利时人办的学校有的使用德语,有的使用法语。而除了欧洲殖民者所办的学校以外,其他学校都使用卢旺达语作为教学语言。

殖民地时期卢旺达的语言教育政策是根据殖民者的统治需求而制定的。斯瓦希里语是德属东非保护地的通用语言,在德国殖民时期广泛传授,其后又成为东非不同国家非官方(主要是商业领域)通用语言。卢旺达早期受教育人群就是依靠斯瓦希里语走出卢旺达,这一历史背景导致了至今仍有12.2%的城市人口（见表1）使用斯瓦希里语。

（二）独立之后的语言教育政策

1962年，卢旺达独立之后，殖民时期的语言教育政策依然沿用了下来。小学一年级到三年级，法语和卢旺达语都作为一门课程来学习；小学四年级开始法语就是教学语言，而卢旺达语只作为课程来学。尤其是1979年，卢旺达政府决心实施教育改革，规定卢旺达从小学四年级开始使用法语教学，中学全部使用法语教学。而且，之前被摒弃的斯瓦希里语也重回课堂。

始于1978年的卢旺达教育大改革将小学阶段的6年教育延长至8年，并且要求整个小学阶段都使用卢旺达语作为教学语言。卢旺达教育部实施这一语言教育政策旨在提高民族文化的比重，一方面使用母语有利于学生学习课程内容，另一方面期望达到使用母语教学的远景目标。这一改革决定了卢旺达语在卢旺达基础教育中的普及率，也将法语的教学语言政策延后至中学阶段。此后，小学阶段以卢旺达语作为教学语言，法语作为学习科目，中学阶段以法语作为教学语言并将英语作为学习科目这一政策一直沿用到1994年种族大屠杀发生之前。

（三）大屠杀之后的语言教育政策

国家独立之后，其母语卢旺达受到重视，但殖民时代的语言教育政策已经在受教育人群中留下了印记。法语并不能一夜之间消失，它依然是行政系统工作的主要语言，由此也成了获得个人发展、政治升迁、经济提高等的必要语言工具。

发生于1994年的胡图族屠杀图西族的导火索是前卢旺达总统朱韦纳尔·哈比亚利马纳（Juvenale Habyarimana）的飞机被击落。而卢旺达爱国阵线（Rwandan Patriotic Front，下文简称“爱阵”）被指控为这场计划的操作者，且在法国的法院被诉讼。针对这些指控，卢旺达指责法国支持种族灭绝，并声称法国军队在大屠杀最后一周进入卢旺达帮助了那些屠杀者。法语于是承担了屠杀者的语言的骂名，而且被认为是种族大屠杀中胡图族的语言，甚至成为判断是否参与到大屠杀事件的语言依据。

由图西族组成的爱国阵线从乌干达回国终止了种族大屠杀，并夺取了政权。之后，流亡在乌干达、刚果、布隆迪、坦桑尼亚、肯尼亚、南非以及非洲以外国家的图西族人纷纷回国。这些图西族人多数使用英语，极少数人说法语。他们于 1996 年正式将英语作为官方语言，地位等同于法语和卢旺达语。

自此，卢旺达进入了三语教育阶段。从 1996—2008 年，条件较好的小学和中学都同时使用英语和法语进行教学，但卢旺达语仅作为一门课程来学习。卢旺达国政府期望他们的学生能够同时习得英语和法语，以便为将来的社会发展做出贡献。2008 年，卢旺达国教育部宣布废除法语的官方语言地位，官方语言只剩英语和卢旺达语，并且将英语作为唯一的教学语言。这就要求学生从小学一年级开始学习英语，英语成为升学考试的必需条件，甚至连其母语卢旺达语也要使用英语教授。随后，卢旺达大学教育学院[①]的校长宣布该校所有教学语言都只使用英语，并于 2009 年开始以英语作为所有考试语言。其后，其他大学纷纷效仿。

卢旺达的语言教育政策看起来朝令夕改，各种语言的地位在卢旺达境内忽上忽下。但综合来看，卢旺达语言教育政策与其政治变化密切相关。殖民时代的语言教育政策以殖民者的政治需求为转移，独立之后以本土语言为主，大屠杀之后的政府则视掌权者的语言为唯一教学语言。（详见表 3）

① 原名为基加利教育学院（Kigali Institute of Education），2013 年卢旺达将所有公立大学合并为卢旺达大学，原基加利教育学院改名为卢旺达大学教育学院。

表 3　卢旺达语言教育政策变革情况

不同时期不同年级的教学语言		小学低年级	小学高年级	中学	大学
殖民时期	德国殖民时期（1907—1916 年）	斯瓦希里语	—	—	—
	比利时殖民时期（1916—1962 年）	卢旺达语	卢旺达语 法语	法语	—
独立后到大屠杀之前	1962—1994 年	卢旺达语	法语 卢旺达语	法语	法语
大屠杀之后	1994—1996 年	卢旺达语	卢旺达语	法语	法语
	1996—2008 年	卢旺达语	法语 英语	法语 英语	法语 英语
	2009—至今	卢旺达语 英语	英语	英语	英语

表中"—"表示当时无对应层次的教育或暂未找到数据。

从表 3 中可以看出，卢旺达变幻多端的语言教育政策，除了早期的斯瓦希里语，主要体现在卢旺达语、法语和英语之间的切换与选择上。而这三种语言与卢旺达的民族构成，民族冲突与身份认同又有着千丝万缕的关系。

三、卢旺达的民族冲突与身份认同

（一）卢旺达的民族冲突

卢旺达地处非洲中东部，截至 2015 年，全国人口约为 1160 万人，主要由胡图族（Hutu）、图西族（Tutsi）和特瓦族（Twa）三个民族构成，其中胡图族约占人口的 85%，图西族约占 14%，特瓦族占 1%左右。特瓦族占比较少，对卢旺达的政治环境几乎没有影响。卢旺达的政治斗争也就是胡图族和图西族的斗争。

16 世纪，图西人在卢旺达建立封建王国。其后由少数派的图西族统治国家，直到 1935 年，比利时引入身份制度，欲扶持多数派的胡图族统治政权，并在身份证上注明卢旺达人是胡图族、图西族、特瓦族还是外来入籍人士。比利时的区别对待激起了国内民族之间的矛盾，图西族逐渐受到排挤，大量难民流亡至邻近国家。1990 年 10 月，侨居乌干达的图西族难民组成的爱阵与胡图族政府军爆发内战。1993 年 8 月，卢政府和爱阵在坦桑尼亚签署和平协定，决定结束内战。但 1994 年 4 月 6 日，胡图族总统哈比亚利马纳因飞机失事遇难身亡引发内战再度爆发，图西族人被大量屠杀，部分流亡至周边国家、南非或非洲以外的国家。7 月 19 日，爱国阵线取得军事胜利，夺取政权，成立了现任政府。

自从图西族掌握政权之后，为了维持国内和平的局面，提出了“卢旺达人”的概念，不再区分胡图族和图西族。政府也禁止谈论民族问题。然而，民族不同客观地存在于现实之中，而且，不同民族的人在经济、社会地位和资源获取方面都有明显不同。当这种差距不能公开表明时，语言就成了身份和民族的象征，成了社会精英阶层之间的区别标识。

（二）语言与民族的关联

比利时殖民时期培植的胡图族统治者是以法语为工作语言的，当时的语言教育政策也是以法语为主，官方语言、教学语言和行政工作语言都是法语。而现任政府则以英语国家归国的图西族为主，他们多数只会英语，不会法语。正如前文所述，现任政府积极推行英语作为官方语言、唯一的教学语言，而且排斥法语，将法语与“支持种族分裂”联系起来。这项语言政策变成了核验卢旺达人的意识形态的工具，并被解释为政府消除大屠杀思想而做出的努力。说英语者就是与当权者保持一致的，坚持说法语者则被视为居心叵测地激起民族矛盾，有种族分裂意识之嫌。因此，法语和英语分别与屠杀者的胡图族和掌握现在政权的图西族联系起来。除了外语，其母语在民族认同与化解冲突方面也有重要价值。

卢旺达现任政党认为卢旺达首先是一个统一民族，他们都是卢旺达人，因为他们说着同样的语言。是殖民者以及与殖民者勾结的卢旺达少数人为了满足自己权力欲望，有意将卢旺达人分成不同类别的。即使在被殖民之前，卢旺达人在社会地位和财富分配上也有差异，但只有欧洲殖民者才刻意放大并利用这一差异实现他们自己的目的。否则卢旺达人自己是意识不到的。卢旺达政府采用的关于民族的定义为：拥有相同语言、文化、宗教和风俗的人就属于同一民族。卢旺达使用着相同的卢旺达语、生活在同一种文化之下，有共同的宗教和风俗，所以卢旺达人属于一个民族。由此可知，卢旺达语在国家统一和消除民族差异意识方面起着关键的作用。

考虑到 1994 年的大屠杀就是因为当时电台里反复宣传种族区分，煽动种族之间的仇恨而导致的。卢旺达政府于 2004 年在刑法中增加了一条“分裂主义”(Divisionism)罪，用于判处那些试图通过区别种族的方式或煽动国家分裂的人。以消除种族分裂意识为由，卢旺达试图再次证明卢旺达语是促进国家统一的重要语言，放弃法语而使用英语也是为此。

2009 年以来，卢旺达实施的语言教育政策(见表 3)中，卢旺达语与民族身份认同相关，使用卢旺达语则代表了卢旺达人是一个民族，不再分胡图族和图西族等。法语和英语则成为潜在的民族对立的语言象征。

(三)新的身份认同标志

新的语言教育政策实施近十年，卢旺达确有很多人学了英语，但是英语依然只是少数精英阶层掌握的语言。究其原因，对于大部分卢旺达群众来说，卢旺达的经济现状和政治环境使他们根本没有机会和条件接受到英语教育。虽然，2008 年的语言政策出台之后，卢旺达境内出现了不少私立的培训机构，但是高昂的学费还是让很多人望而却步。同时，法语的影响仍然广泛。时至今日，卢旺达的街头户外，能见到的广告和招牌仍以法语为主，即使有英语或汉语的，也都普遍配有法语。毕竟，接受过法语教育的人比接受英语教育的更多。

由于说英语的多为当年流亡至乌干达等英语国家的爱阵成员，归国后掌握了政权，种族之间的竞争变成了语言之间的竞争。国家内部的矛盾似乎就是说英语的精英和说法语的精英之间的矛盾。当权者对外宣称清除法语是为了与造成大屠杀的前殖民地语言彻底断开，而使用英语也是为了消除种族分裂意识。所以拒绝教或学习英语可能会被视为种族分裂意识的证据。

因为不能公开表明或讨论卢旺达三个不同的民族，政府强调卢旺达说着同样的卢旺达语，都是卢旺达人，暂时转移了人们对英语和法语在政府中所代表的两派的斗争的关注。然而，使用何种语言却成为大家心照不宣的民族身份标志。社会已经隐隐约约出现了两大分野：从乌干达回国的说英语的图西族人、大屠杀之前就在境内的说法语的胡图族人和图西族人以及从法语国家回来的图西族人。这一分野的确不再以种族为标准，而是以语言为依据。在此过程中，卢旺达语所扮演的角色就是掩盖由使用英语和法语不同而带来的新的分歧。

语言作为身份认同的标志在第三种外语进入后而得以缓和。汉语进入卢旺达的时间与卢旺达正式宣布将法语的官方语言地位废除时间一致。[①] 在某种程度上，这与执政者声称的观点“将英语作为唯一教学语言是为了促进卢旺达尽快加入到国际经济市场中”有一致性。中国在改革开放的30年间，取得了世界瞩目的成绩，也是卢旺达学习的对象。英语和汉语成为世界上经济强势的代表，废除法语，引入英语和汉语都是为了卢旺达的经济发展。时任教育学院学术委员会主席的 NIYOMUGABO Cyprien 教授曾就此问题表达过自己的观点：

卢旺达因在处理法语和英语地位时使用的语言政策而导致的潜

① 2008年重庆师范大学与卢旺达大学教育学院签署了共建孔子学院的协议，并于2009年4月15日正式开始教授汉语。

在的社会不稳定因素，或许因为引入汉语教学而得以缓解。因为汉语的引入，可以使得之前备受争议的英语和法语呈现出“中立”的特性。尤其是相对于我们的母语卢旺达语而言，如果我们现在也教授汉语，那说明英语、法语和汉语一样都是外语，不存在政府的偏好问题。[①]

由于汉语不代表卢旺达任何一个种族或某一特定群体，它是完全中性的，这就给英语和法语一个可以参照的概念。汉语的引入，使得英语、法语作为身份认同的标志看似难以成立，但汉语国际推广的道路才刚刚开始，还不足以消除语言身份认同的影响。即使卢旺达的汉语教学在 10 年间的发展已经如火如荼，卢旺达大学也已开设了汉语和英语、法语、斯瓦希里语、卢旺达语四种语言的双语教育学历项目，但汉语成为其国民教育的一部分，或者成为教学语言仍需时日。卢旺达的语言使用与身份认同仍然交织在一起，语言教育政策与潜在的政治斗争也不会骤然断开关系。

四、结论

不少非洲多语种国家的语言教育政策的确与其殖民时代的影响有关，很多国家使用西方殖民国家的语言作为官方语言和教学语言。卢旺达作为一个有统一语言的国家，目前实施的语言教育政策看似摆脱了殖民国家的语言影响，但通过考察其民族冲突和统一、政治权利斗争的历史，我们不难发现，卢旺达现行的语言教育政策依然与其殖民历史有关。只不过，卢旺达的语言教育政策是经过殖民时期语言教育的时代存留和独立后民族教育的觉醒、大屠杀之后民族的统一等多种因素矛盾斗争的结果。卢旺达的语言教育政策既是其民族冲突和政治斗争的结果，又是加强政府统治、重新建构身份认同的手段。

在一个多民族的国家，无论语言是否具有多样性，当涉及对待不

① 本文作者曾在卢旺达大学教育学院孔子学院工作，本段内容为作者工作时收集，原文为英语。

同语言的地位和态度时，语言教育政策绝不是单纯的语言学问题，也是社会问题，甚至是政治问题。和谐的语言教育政策有利于促进多民族的团结、国家的稳定和社会的发展。考虑到目前语言教育政策所处的困境，卢旺达政府已经着手实施多语教育政策，旨在根据学生的特点开展不同的双语教学，以帮助他们更好地参与到卢旺达社会经济的建设中来。

曾广煜

第三章　卢旺达的多语教育政策与汉语传播

卢旺达地处非洲中东部，截至2017年，全国人口约为1 080万人，主要由胡图族(Hutu)、图西族(Tutsi)和特瓦族(Twa)三个民族构成，其中胡图族约占人口的85%，图西族约占14%，特瓦族占1%左右。作为经济十分落后的非洲内陆国家，卢旺达因1994年种族大屠杀才广为人知。胡图族和图西族之间的种族矛盾与卢旺达的社会问题，也得到了广泛研究，其中，卢旺达的语言教育政策与种族冲突、社会重建问题有密切关联。卢旺达目前所推行的多语教育政策是否与之前的语言政策和社会变革相关？2008年，汉语开始正式进入卢旺达，进而成为卢旺达多语教育中的一种，又有与之有什么关联？我们将从卢旺达多语教育政策实施的背景、过程和困境来解读这一现象。

一、卢旺达的多语教育政策实施的背景

卢旺达在多语环境的非洲中算是特例，其境内无论是哪个民族都使用卢旺达语。卢旺达语虽然在文化、经济领域不占优势，但是它是为数不多的非洲国家境内统一使用的非殖民地语言，并广泛使用于其周边国家地区，如乌干达南部、刚果东部和坦桑尼亚西部。即使，卢旺达语在不同地区的变体有不同的名称，如卢旺达邻国布隆迪的官方语言之一，布隆迪语(Kirundi)与卢旺达语可以直接进行交流。如今，卢旺达选取了卢旺达语里表示“语言”的集体名词“ururimi”来指称广泛使用于卢旺达境内外的这种共同语，甚至启动了“Ururimi Computing Project”用于更换之前的操作系统语言。然而，加强卢旺达语的教育

并不是当权者最初的选择,卢旺达的普通民众也很难感受到这个变化。与种族冲突的化解、和平局面的维持,甚至是经济社会的发展密切相关的仍然是法语和英语。

(一)被视为屠杀者语言的法语日渐式微

1890—1962 年间,卢旺达被比利时殖民,比利时人将法语定为卢旺达的官方语言。1994 年之前,卢旺达一直是法语国家组织的成员。尤其是 1979 年,卢旺达政府决心实施教育改革,规定卢旺达从小学四年级开始使用法语教学,中学全部使用法语教学。法语成了获得个人发展、政治升迁、经济提高等的必要语言。

发生于 1994 年的胡图族屠杀图西族的导火索是前卢旺达总统朱韦纳尔·哈比亚利马纳(Juvenale Habyarimana)的飞机被击落。而卢旺达爱国阵线(Rwandan Patriotic Front,下文简称 RPF)被指控为这场计划的操作者,且在法国的法院被诉讼。针对这些指控,卢旺达指责法国支持种族灭绝,并声称法国军队在大屠杀最后一周进入卢旺达帮助了那些屠杀者。法语于是承担了屠杀者的语言的骂名,而且被认为种族大屠杀中胡图族的语言,甚至成为判断是否参与到大屠杀事件的语言依据。加之,卢旺达现任总统保罗·卡加梅(Paul Kagame)的幕僚,也是前 RPF 的高官被法国逮捕,卢旺达决定放弃法语,转而使用英语。卢旺达认为来自英语国家的发展援助和智力支持比法国、比利时或非洲的盟友更可靠。

虽然卢旺达高层决定了弃用法语而使用英语,使得法语在卢旺达的影响持续减弱,但是法语的影响不可能短时间消亡。时至今日,卢旺达的街头户外,能见到的广告和招牌仍以法语为主,即使有英语或汉语的,也都普遍配有法语。接受过法语教育的人比接受英语教育的更多。事实上,使用法语的人不仅包括胡图族的屠杀者,也有图西族的大屠杀幸存者,还包括从法语国家归国的图西族以及没有参与屠杀的中立的胡图族人。

(二)作为身份与意识形态象征的英语逐渐强势

英语是大屠杀之后,卢旺达现任政府主要使用的语言。由图西族组成的 RPF 从乌干达回国终止了种族大屠杀,并夺取了政权,之后,流亡在乌干达、刚果、布隆迪、坦桑尼亚、肯尼亚、南非以及非洲以外国家的图西族人纷纷回国。这些图西族人多数使用英语,极少数人说法语。他们于 1996 年正式将英语作为官方语言,地位等同于法语和卢旺达语。

自此,卢旺达进入了三语教育阶段。从 1996—2008 年,条件较好的小学和中学都同时使用英语和法语进行教学,但卢旺达语仅作为一门课程来学习。卢旺达政府期望他们的学生能够同时习得英语和法语,以便为将来的社会发展做出贡献。然而,现实条件并不支持这一愿景。经济落后的卢旺达,又经过大屠杀和战争的浩劫,教师、教材都严重匮乏。三种语言同时教学的效果并不显著。

2008 年,卢旺达教育部宣布废除法语的官方语言地位,官方语言只剩英语和卢旺达语,并且将英语作为唯一的教学语言。这就要求学生从小学一年级开始学习英语,英语成为升学考试的必需条件,甚至连其母语卢旺达语也要使用英语教授。随后,卢旺达大学教育学院(原基加利教育学院,Kigali Institute of Education)的校长宣布该校所有教学语言都只使用英语,并于 2009 年开始以英语作为所有考试语言。其后,其他大学纷纷效仿。政策实施近 10 年,卢旺达确有很多人学了英语,但是英语依然只是少数精英阶层掌握的语言。究其原因,对于大部分卢旺达群众来说,卢旺达的经济现状和政治环境使他们根本没有机会和条件接受到英语教育。虽然,2008 年的语言政策出台之后,卢旺达境内出现了不少私立的培训机构,但是高昂的学费还是让很多人望而却步。

卢旺达官方对实施英语作为唯一教学语言的解释是,这样会增加卢旺达在经济发展领域的竞争力,更快地参与到全球市场中来。但也有人认为卢旺达这样做，是因为英语和法语不仅仅是语言在经济领域的优劣，而是意识形态上的对立。因为，自从图西族掌握政权之后，为了维持国内和平的局面，提出了“卢旺达人”的概念，不再区分胡图族和图西族。政府也禁止谈论民族问题。然而，民族不同客观地存在于现实之中，而且，不同民族的人在经济、社会地位和资源获取方面都有明显不同。当这种差距不能公开表明时，语言就成了身份和民族的象征，成为了社会精英阶层之间的区别标识。普通民众若想在社会地位、经济、政治上获得优势，就必须使用英语。这项语言政策变成了核验卢旺达人的意识形态的工具，并被解释为政府消除大屠杀思想而做出的努力。说英语者就是与当权者保持一致的，坚持说法语者则被视为居心叵测地激起民族矛盾，有种族分裂意识之嫌。

(三)作为统一民族象征的卢旺达语受到重视

卢旺达现任政党认为卢旺达首先是一个统一民族，他们都是卢旺达人，因为他们说着同样的语言。是殖民者以及与殖民者勾结的卢旺达少数人为了满足自己的权力欲望，有意将卢旺达人分成不同类别的。即使在被殖民之前，卢旺达人在社会地位和财富分配上也有差异，但只有欧洲殖民者才刻意放大并利用这一差异实现他们自己的目的。否则卢旺达人自己是意识不到的。卢旺达政府采用的关于民族的定义为：拥有相同语言、文化、宗教和风俗的人就属于同一民族。卢旺达使用着相同的卢旺达语、生活在同一种文化之下、有共同的宗教和风俗，所以卢旺达人属于一个民族。由此可知，卢旺达语在国家统一和消除民族差异意识方面起着关键的作用。

考虑到1994年的大屠杀就是因为当时电台里反复宣传种族区分，煽动种族之间的仇恨而导致的。卢旺达政府于2004年在刑法中增加了一条“分裂主义”(Divisionism)罪，用于判处那些试图通过区别种族的方式或煽动国家分裂的人。以消除种族分裂意识为由，卢旺达试图再次证明卢旺达语是促进国家统一的重要语言，放弃法语而使用英语也是为此。

因为不能公开表明或讨论卢旺达三个不同的民族，重点强调卢旺达语的作用，暂时转移了人们对英语和法语在政府中所代表的两派的斗争的关注。然而，使用何种语言却成为大家心照不宣的民族身份标志。社会已经隐隐约约出现了两大阶层分野：从乌干达回国的说英语的图西族人、大屠杀之前就在境内的说法语的胡图族人和图西族人以及从法语国家回来的图西族人。这一分野的确不再以种族为标准，而是以语言为依据。在此过程中，卢旺达语所扮演的角色就是掩盖由使用英语和法语不同而带来的新的分歧。

(四)汉语传播的契机

2008 年重庆师范大学与卢旺达大学教育学院签署了共建孔子学院的协议，并于 2009 年 4 月 15 日正式开始教授汉语。汉语进入卢旺达的时间与卢旺达正式宣布将法语的官方语言地位废除时间一致。在某种程度上，这与执政者声称的观点"将英语作为唯一教学语言是为了促进卢旺达尽快加入到国际经济市场中"有一致性。中国在改革开放的 30 年间，取得了世界瞩目的成绩，也是卢旺达学习的对象。英语和汉语成为世界上经济强势的代表，废除法语，引入英语和汉语都是为了卢旺达的经济发展。时任教育学院学术委员会主席的 NIYOMUGABO Cyprien 教授曾就此问题表达过自己的观点：

> 卢旺达因在处理法语和英语地位时使用的语言政策而导致的潜在的社会不稳定因素，或许因为引入汉语教学而得以缓解。因为汉语的引入，可以使得之前备受争议的英语和法语呈现出"中立"的特性。尤其是相对于我们的母语卢旺达语而言，如果我们现在也教授汉语，那说明英语、法语和汉语一样都是外语，不存在政府的偏好问题。[①]

由于汉语不代表卢旺达任何一个种族或某一特定群体，它是完全

① 本段引文为文章作者在卢旺达大学教育学院孔子学院工作时收集，原文为英语。

中性的,这就给英语和法语一个可以参照的概念。三种语言都是外语,卢旺达政府只是从提高教育水平、促进经济发展方面走向了多元化的选择,当然三者目前的地位不完全一样。

在我国的大力支持和卢旺达孔子学院自身的努力下,汉语已经成为教育学院的一个学历项目。目前申请的方向有四个:汉语—卢旺达语教育、汉语—英语教育、汉语—法语教育和汉语—斯瓦西里语教育。值得注意的是,所有的汉语学历项目都是双语的,这四个项目分别对应于卢旺达目前所处的多语环境。其中,斯瓦希里语是东非国家之间使用较多的通用交际语言,尤其是商业领域。东非国家中以肯尼亚、乌干达、坦桑尼亚为主,曾组建东非共同体(East Africa Union),卢旺达于 2009 年 7 月加入。

推动双语教育也有利于缓解民族冲突,维持和平发展的局面。如果每个人都成为双语者,就让那些试图通过语言推测种族标记的人更难辨认,人们可能不再以语言为依据对卢旺达人进行划分。

二、多语教育政策实施中不同语言的地位

卢旺达独立之后首先推行的是卢旺达语加法语的双语模式,但其目的是让法语逐渐取代卢旺达语成为教学语言。随着 RPF 回国开始执政,英语的影响力明显增加,但使用法语的人群依然较多,英语和法语两种教学语言并存。在从法语向英语转变的过程中,有些人从中受益颇多,但大部分人并未获得足够的英语技能。因此,多语教育政策可能是一个更好的选择。卢旺达的多语教育政策旨在根据学生的特点开展不同的双语教学,以帮助他们更好地参与到卢旺达社会经济的建设中来。

(一)多语教育政策中的卢旺达语

多语教育政策的实施可以促进卢旺达语在卢旺达基础教育中的普及,提高卢旺达人民的母语能力。实施多语政策教育,学生的选择

可能有多种(范围仍然在法语、英语、汉语、斯瓦希里语之内),没有任何一种语言能够成为唯一的教学语言。这就使卢旺达语作为教学语言成为可能。在低年级的时候使用其母语卢旺达语教学,然后使用卢旺达语学习其他语言,直到学生能够使用其他语言学习其他课程。

卢旺达语在推动卢旺达教育发展中起到了十分重要的作用。非洲很少有像卢旺达这样语言较为单一的国家,全国只有一种主要语言,而且无论背景是否相同、种族是否一样,绝大多数人都使用它。卢旺达在多语教育方面的努力甚至为非洲语言塑造了新的认知。一些学者曾断言非洲语言是落后的,注定要走向灭亡,学生在小学前几年学习本国的或本地区的语言,也只是为后期学习殖民地语言做准备罢了。卢旺达目前最需要的就是大量受过教育的技术人才,而技术人才不受语言限制。对卢旺达来说,精通卢旺达语的技术人才远比只达到英语中等水平的技术人才更有价值,也更迫切。因此,能培养更多本土人才的多语教育政策比只会让极少一部分成才的单语种教学政策更有效。

(二)多语教育政策中的其他语言

卢旺达语受到重视确实有助于缓解通过不平等的资源配置获得英语教育和其他教学资源的情况,防止更长远的不平等现象发生。但它并没有影响英语作为课程的重要性,英语在卢旺达仍然是必备的技能。2008 年实施的英语作为唯一的教学语言政策已经快 10 年了,这些学生已经习惯了英语作为教学语言、作为师生的交际语言、也作为和其他国家人交际时的语言。英语仍然是卢旺达精英阶层的语言,也是精英阶层加强权力控制的工具。作为英联邦的成员,卢旺达已经准备好,抓住每一个英联邦成员国提供的经济、政治、文化和其他方面的机会。因此,即使是在多语教育政策中,英语也是不可或缺的"多语"之一,课堂教学中也会是卢旺达语和英语、法语和英语或者汉语和英语。总之,英语不可或缺。

相比之下，法语在多语教育政策中不仅被政府轻视，也逐渐被民众放弃。目前在中小学阶段只接受过法语教育的学生，要么通过获得法语国家的奖学金，去法语国家留学；要么就得参加以英语为命题语言的考试，但参加这种考试就如同赌博，学习法语变成了一种惩罚。由于年轻人小学阶段已经开始学习英语，法语只作为一门课程，不再是教育语言了，因此随着时间的推移，法语可能将被排除在多语教育政策之外。

汉语正式进入卢旺达的课堂仅有 8 年，它的群众基础比不上法语，在精英阶层偏好方面也远远比不上英语。虽然 8 年来，汉语在卢旺达发展迅速，但是学习汉语的人目前以成年大学生为主，中小学每周仅有几节兴趣课。目前在教育学院开设的汉语和其他四种语言的双语教育专业，如能顺利开展，持续发展，为中小学培养大量本土双语师资，可能会给汉语在卢旺达的推广带来质的飞跃。

三、多语教育政策实施的困境

(一)经济落后导致师资、教材严重匮乏

卢旺达是世界上最不发达的国家之一，自 2008 年宣布将英语作为唯一教学语言后，各类学校都需要大量懂英语的教师。然而，2008 年之前，说英语的人是以少数图西族为主的，他们掌握着国家的政府要职，并不能全部投入到英语教学中来。很多教师需要从法语教师的角色迅速转换，他们通常是一边自己学英语一边教学生英语。更多学校由于资金匮乏、教学设施、教材都跟不上为数众多的学生需求。尤其是中小学，英语教师通常自己也是刚刚学习，就要马上付诸教学。姑且不论这些英语教师自身英语学习的程度如何，即便教师会读、会说、会写了，也不代表他们可以教授英语，毕竟语言能力与语言教学是完全不同的。

多语教育政策实施中，英语和卢旺达语是目前主要施行的双语教

学方案。除了英语师资严重匮乏以外,对卢旺达语的研究也不足以承担起培养卢旺达学生母语能力的要求。卢旺达语虽然一直在使用,但直到 20 世纪 40 年代才在西方传教士的帮助下形成了现有的文字系统。其后经历了大屠杀和战争,国内百废待兴,国民受教育和识字率都非常低,也就是说,大部分人连其母语卢旺达语也只是停留在口头交流上,并不能书写。

如今要实施的多语教育政策不仅需要卢旺达语、英语,还需要斯瓦希里语、汉语方面的师资。以汉语为例,卢旺达大学教育学院孔子学院虽已开办了汉语和其他语言的双语师资学历项目,但这些课程的师资目前全部依靠其国内合作院校提供。合作院校派往卢旺达的教师只能从事汉语教学或汉语、英语双语教学,对其他语言也无能为力。

(二)政府的导向与民众的选择矛盾

卢旺达政府实施多语教育政策有几层考虑,其中一层是为了提高卢旺达青年人日后在区域(东非共同体)和全球的话语权和参与度。东非共同体国家仍普遍使用的斯瓦西里语有广泛的民间基础,同时东非共同体的五国,肯尼亚、乌干达都使用英语,卢旺达的统治阶层也多是从乌干达回国的英语使用者,英语教学也势在必行。汉语进入卢旺达不到 10 年,但由于我国政府大力支持,从语言学习的成本和收益来看,学习汉语是最经济的。目前,卢旺达的汉语教学只针对社会人士收取少量的学费,对开办汉语课程的大学和中小学都是免费,且中国向卢旺达提供政府奖学金、孔子学院奖学金、市长奖学金等各类留学机会。学习汉语的人数每年都在持续增加。

对于大部分人来说,他们并没有想到政府所规划的那么远,他们最需要的是熟练掌握母语,学好实用技术,以便在国内找到工作。如果语言学习的精力和成本超出了他们目前可以计算的范围,他们就不会太有兴趣。他们入学年龄本来就偏大,大学毕业后通常接近 30 岁,考虑到卢旺达的经济水平和人均寿命仅 60 余岁的现实，语言学习的担忧不无道理。政府一方面需要卢旺达语来维持种族统一，消除种族分裂意识；另外需要卢旺达人学习斯瓦西里语、英语甚至汉语等区域和国际性语言，以促进卢旺达经济发展。政府主导的政策是从国家发展的角度进行的，民众则是从个体角度出发的，如果二者不一致，政策的实施必然会面临诸多困境。

（三）语言与身份认同的意识形态依然存在

在现任政府的努力下，卢旺达保持了 20 多年的和平局面。政府通过抛弃种族区分来消除种族分裂意识，并制定了法律禁止人们蓄意将卢旺达人分为不同种族。但是，政府所声称的废除法语作为官方语言和教学语言，英语作为唯一教学语言这一政策，却被视为另一种身份认同，是替代种族区分的标记。

由于说英语的多为当年流亡至乌干达等英语国家的 RPF 成员，归国后掌握了政权，种族之间的竞争变成了语言之间的竞争。国家内部的矛盾似乎就是说英语的精英和说法语的精英之间的矛盾。当权者对外宣称清除法语是为了与造成大屠杀的前殖民地语言彻底断开，而使用英语也是为了消除种族分裂意识。所以拒绝教或学习英语可能会被视为种族分裂意识的证据。多语教育政策实施中，这些因素依然会影响人们的选择，法语虽然也是“多语”中的一种，但很难获得与英语甚至汉语平等的地位。

（四）多语教育效果并不明显

除了师资、教材等客观条件不理想外，卢旺达所施行的多语教育效果也不明显。因为，师资匮乏导致大量未经认证的不合格的语言教师进入课堂。他们用一种自己还不太熟悉的语言来教授其他科目，有的时候不得不借助“本地英语”来解释，以便学生能听懂课程内容，这样的教学效果可想而知。学生不仅英语没有学好，课程内容也难以学好，直接的结果是母语和外语两种语言水平都保持在较低的水平。

英语在卢旺达是身份的象征，也是获取发展的工具，通往精英阶层的语言。但是除了少数有天分的或者首都较好的学校以外，其他学校毕业的学生，其英语水平完全达不到向上层社会发展的标准。甚至于说，他们所习得英语只能成为“本地英语”，脱离了他们自己的生活圈就难以发挥作用。

曾广煜　张荣建

第四章　基于语言规划观的卢旺达语言政策历史演变分析

一、引言

语言规划是一项作用于语言的社会活动，且与一个国家的政治、经济、文化等各方面都息息相关，而语言政策是“语言规划实践的一种体现（薄守生，2008）”。从整体上看，非洲一些国家的语言政策并不成功，因为非洲很多国家能够使用本国官方语言的人不足本国人口的20％（周庆生，2005）。本文以位于非洲中东部的卢旺达为例，分析其语言政策的历史演变与影响因素。

卢旺达领土虽小，却是个复杂的国家，从语言上就可见一斑。国语为卢旺达语，部分居民讲斯瓦希里语。目前卢旺达的官方语言为国际语言英语、殖民者法语以及本土语言卢旺达语三种。事实上，卢旺达的语言政策发展到如今却是几经波澜，深受与语言规划息息相关的政治经济等因素的影响，同时也充斥着与文化利益间的矛盾，值得研究与探讨。

二、卢旺达语言政策的历史演变

纵观卢旺达的历史长河，其语言政策发展到如今可总结为如下几个阶段：

(1)殖民时期：“一战”后，卢旺达由比利时委任统治；“二战”后，改由比利时托管，法语由此被引进卢旺达。并从1890—1962年，一直是卢旺达的官方语言和唯一的教学语言。

(2)民族独立:1962年,卢旺达宣布独立,新政府保留了法语的官方语言地位,卢旺达亦成为法语国家国际组织(La Francophonie)的成员国。并直到1994年,卢旺达都被公认为是一个讲法语的国家。虽然卢旺达语是宪法规定具有国家统一功能的国语,但在2008年前卢旺达语仅为该国小学阶段的教学语言,政府在高等教育和重要的政治经济文化领域一直采用法语作为教学语言和行政管理语言(Samuelson&Freedman,2010)。

(3)卢旺达大屠杀:自卢旺达独立以来,就伴随着两大民族——图西族和胡图族的冲突不断,独立后掌权的胡图族开始了对图西族的迫害,大量的图西族难民逃亡周边国家,这其中难民最集中的一个国家就是乌干达。1994年,爆发了针对于图西族的种族大屠杀,在乌干达的难民反抗军趁乱反攻国内,夺取政权。乌干达是一个英语国家,因此从乌干达返回的难民特别是其后代,逐渐习得了英语而淡忘了法语。新政府掌权后,法语地位急剧下降,开始呈现英语取而代之的趋势。

(4)1996年,卢旺达政府宣布英语成为卢旺达的另一种官方语言,形成了以"卢旺达语－法语－英语"为序列的三语制语言版图。政府规定,英语和法语作为教学语言来使用,而卢旺达语和其他一些语言只是作为课程来学习。

(5)2008年,卢旺达骤然实行的语言变革彻底改变了法语在卢旺达的地位。政府宣布英语成为所有教学阶段唯一的教学语言,使英语取代法语成为卢旺达最重要的官方语言。学生从一年级开始学习英语,六年级毕业生必须参加中学入学考试,考试仅能用英语作答,通过考试才能进入中学继续学习。中学和大学教育只能使用英语作为教学语言,卢旺达语仍作为课程来学习。

三、影响卢旺达语言政策的因素

语言不单纯是一种交际工具,它还在社会中发挥诸多重要的功能。在制定语言规划的过程中,政治、经济、社会、文化等因素的重要性往往超过语言本身。Kloss(1971)就曾提出,语言同化等价于经济同化与政治同化。从卢旺达语言政策的历史演变不难看出,政治、经济等非语言因素一直影响着卢旺达的语言政策。

(一)政治因素

在语言规划领域中,常见的一种说法叫语言政治(language politics)。徐大明(1997:214)认为,语言政治是实现地位规划的一种形式,语言本身没有政治性,但是对语言的利用和不同人的政治目的相关,语言就意味着控制和权利。Wiley(2001:119-120)提出,语言是国家建构的一种手段,在一定程度上服务于政治目的。"二战"以后,比利时托管卢旺达,法语由此被引进并成为卢旺达的官方语言。这并非意味着本土的卢旺达语地位卑劣,而是由于国家掌权者所使用的语言是法语,由此形成了一种自上而下的政治权势。语言被当成某一特定的语言集团扩大其影响力的一种工具,必然也会满足相应的阶级利益。同样,卢旺达大屠杀以后,讲英语的新政府掌权,英语的地位自然而然成上升趋势。

不仅如此,新政府认为卢旺达大屠杀是受法国的挑唆与支持才爆发的,新政府掌权后与法国关系骤然十分紧张,且法语是前殖民者的语言,继续保持法语的地位则背离了民族认同。相比较而言,英语在政治上显得更中立一些,且英美国家的政治影响力在全球范围不断扩大,因此英语地位的提高是卢旺达语言政策演变的必然趋势。

(二)经济因素

在经济全球化的背景下,发展中国家的经济独立是一件非常困难的事情。可见英语在全球范围内的广泛传播与国际贸易的发展有一定的关联。周庆生(2001:11)提出,语言统一性是经济发展的必要不充分条件,经济发展是语言统一的充分不必要条件。2007年,卢旺达正式加入由坦桑尼亚、乌干达以及肯尼亚三国组成的东非经济共同体,以利用这一优势来发展本国经济。卢旺达周边全是说英语的国家,如乌干达、坦桑尼亚以及肯尼亚等,为达到睦邻的目的,与邻国更好地进行经济上的往来,卢旺达势必会从法语偏向英语。2009年,卢旺达正式加入英联邦,成为其第54个成员国,也是英联邦成员国中除了莫桑比克以外第二个与英国没有任何殖民历史的成员国,希望借助英联邦在经济、政治上的优势与潜力,来发展自己。要进行国际贸易,与英语国家在经济上进行更频繁的交流,势必要发展国际通用语言。

学者们普遍认为,语言是一种资本,而通过教育,能够实现语言资本的作用,从而获得相应的经济回报与效益。自从英语成为卢旺达的官方语言以后,英语在语言教育规划中的地位也急剧上升,成为了各个教学阶段唯一的教学媒介语言。政府意图通过对英语教育的重视及优等分配培养精通国际语言的精英阶层,使其能在未来的国际市场中崭露头角,为发展国家经济贡献力量。

(三)英语的实用性

事实上,卢旺达偏向英语的抉择不仅具有政治和经济动机,同时也被英语的实用性因素所影响。在当今信息化时代的大背景下,以美国为首的英语国家在科技、网络等领域在全球范围内独占鳌头,英语在这个过程中发挥着不可替代的作用。英语是全世界进行科技、贸易交流的通用语言,是国际交流的重要手段,是获取信息的重要媒介,甚至还被认为是国家繁荣的先决条件。促使英语的传播与发展,是符合国家现代化的需要,促进以英语为基础的教学是一个世界性的的趋势。

四、关于卢旺达语言政策的争议

在语言规划过程中,如何评判一个国家的语言政策是否合理或成功,语言学家 Neustupny(1968) 提出了下列标准:

(1)发展的标准:所提出的语言政策对社会的发展是否有帮助作用?而这里所谓的社会发展并不仅仅局限于经济的发展,而应该包括政治、人文等各方面的发展。

(2)民主的标准:语言政策是否对社会的每个成员都是公正的?是否可以促使人人都有公平的机会?

(3)团结的标准:语言政策是否有利于社会的团结?

(4)对外关系的标准:语言政策是有利于还是妨碍与别的语言社区的交往?

卢旺达当今的语言政策却无法满足以上四则标准。从其语言教育政策来看,学生从一年级开始学习英语,且英语作为所有教学阶段唯一的教学语言,足以说明卢旺达对英语的强调及重视。英语成为政治、经济等各个领域的国际通用语言,提倡英语的传播无可厚非,可见卢旺达对培养精通英语的精英人才不遗余力。在政治、经济上与世界其他国家保持频繁的国际交流,能够促使卢旺达的社会发展。然而,卢旺达在语言教育中却没有做到平等分配,只是将卢旺达语作为语言学科来学习,相比较而言卢旺达忽视了对本族语的保护与发展。语言和文化息息相关,是国家的重要根基,对本族语的忽视容易造成文化疏远或者文化丢失,并且也违背了民族认同,这对民族的长远发展十分不利。再者,卢旺达的英语学习资源也相当有限,只有极少部分精英阶层能够负担英语教育,而大多数人却无法接受良好的英语教育。

虽然因为历史和战争,新政府采取了民族融合政策,取消了种族划分,所有民族统称为卢旺达人。但卢旺达人还是分成了更多的族群,除了共同的卢旺达语,本土的原胡图人和图西人讲法语,乌干达回来的难民讲英语和乌干达语,布隆迪回来的图西人讲法语和布隆迪语,刚果回来的人是讲法语和斯瓦西里语的,由此可见卢旺达语言的复杂程度。而其语言政策并没有满足到每一个语言集团,这在一定程度上容易激化民族矛盾,不利于国家的巩固和团结。

总的来说,卢旺达的语言政策降低了法语的地位,而选择采用英语这一种中立语言作为最重要的官方语言,不仅使卢旺达脱离了原殖民地统治的阴影,还能在一定程度上服务于政治、经济目的,从而促进卢旺达的发展。但另一方面,过分强调主流语言的地位也容易引起很多问题。徐大明(1997:220)提出,这些标准的分量对不同国家的具体情况来说也应该是不同的。而卢旺达政府就应该从国家本身的具体情况出发,具体分析哪一项标准才是应该首要考虑的因素。

五、结语

语言问题处理得当,能够促进社会安定和发展;语言问题处理不当,则有可能引发民族问题或社会骚乱。语言规划实际上就是通过对语言的人为干预来解决社会经济、政治等国家问题的一种方法。制定成功的语言政策对大多数像卢旺达一样的非洲国家来说并不容易。面对本土语言、前殖民者的语言以及国际通用语三者的时候,到底该如何抉择?从目前的形势来看,卢旺达逐渐摒弃了前殖民者的语言,符合民族认同理念,有利于维护和巩固国家团结;但为了发展本国经济,卢旺达从法语偏向英语,在教育中过分强调对英语教育的分配,忽视了对本土语言卢旺达语的保护与发展,在一定程度上容易造成文化隔阂或文化流失。语言和文化息息相关，文化又是立国之根本，因此卢旺达的语言政策显得十分具有功利性。比起服务于经济动机，语言政策的制定首先应该服务于对卢旺达语言和文化的保护和发展。非洲的文化和语言并不劣质或低人一等，恰恰相反，非洲的语言也应该完整地被接受、珍视和使用。

林玲

第五章 语言政策、多语教育和社会发展

卢旺达语言政策在内战和大屠杀后的社会重建中起了重要作用,语言政策变化和教育改革致力于促进和平与和解,增强卢旺达参与全球经济发展的能力。卢旺达语言政策的变化是积极的,但也存在有风险。在卢旺达,一个人使用的语言标记其群体忠诚和身份。另外,卢旺达还可制定多语教育政策,包括使用民族语言基尼亚卢旺达语,以广泛提高读写能力,培育具备读写能力的多语民族。

2008 年,语言政策的一个变化是用英语替代法语作为 3 年级后的教学语言。卢旺达政府的这一决定是希望公众能够实施语言转换,实现卢旺达爱国阵线 1996 年宣布英语成为官方语言的整个转换过程。

卢旺达在内战和大屠杀后的改革中,语言政策是一个重要方面,并且是全球化过程中研究世界英语的一个恰当案例。卢旺达政府认为,将英语作为教学语言的政策变化,是因为英语在地区和全球范围成为了科技、贸易和经济发展的主要语言,使用英语有助于经济繁荣和发展,改善民众生活水平和增加就业机会,从而最终促进民族和解。但是,这一政策也存在一些疑问,首先,使用英语尽管能够促进经济增长并且有助于民族和解,但语言的使用是与卢旺达精英的身份认同关联的。其次,早期英语教育确实有助于卢旺达更多参与全球经济过程,改善民众生活条件和促进教育发展,但英语作为全球语言也同时传播特定的意识形态。最后,语言政策要求尽快实现英语作为教学语言的转换,但大多数卢旺达学生的语言程度不一定能够达到这一规定,有可能使得很多学生处于学习困境。

研究卢旺达2008年颁布的语言政策，有必要了解和全面分析卢旺达语言使用的历史演变，语言政策的演变和语言政策演变的影响。需要讨论卢旺达的三种主要语言：基尼亚卢旺达语、法语和英语。语言政策的变化涉及卢旺达的社会背景，涉及三种语言在殖民地前、殖民地后和大屠杀后各个时期的作用。

基尼亚卢旺达语是卢旺达人民的日常用语，其反映了“卢旺达特性”。卢旺达人相信，所有卢旺达人都应该使用基尼亚卢旺达语，否则会被人们嘲讽。卢旺达所具有的得天独厚的优势就是仅有一种当地民族语言，而大多数非洲国家是多语的。因此，基尼亚卢旺达语被看作是卢旺达民族的黏合剂。据2009年的调查，卢旺达人口中的99.4%能够使用基尼亚卢旺达语，而90%的人仅能使用基尼亚卢旺达语。

在卢旺达邻国，人们使用基尼亚卢旺达语的变体。这些使用基尼亚卢旺达语或者相似语言的群体包括居住在乌干达南部，刚果东部和坦桑尼亚西部的人群。只有卢旺达南部的布隆迪使用的语言是布隆迪语(Kirundi)，该语言与基尼亚卢旺达语能够相互交流。术语Ururimi表示“语言”，被使用来描述卢旺达国内外语言使用者共享的语言特征。为让基尼亚卢旺达语适应软件应用的基尼亚卢旺达语计算机项目被重新命名为Ururimi计算机项目，其包括了基尼亚卢旺达语和布隆迪语词汇。英国广播公司、卢旺达和布隆迪广播公司的听众互动节目使用基尼亚卢旺达语和布隆迪语。这些语言的使用者大约是3 500万人。

基尼亚卢旺达语是卢旺达小学的教学语言，也是日常生活和官方的公众活动使用的语言。尽管基尼亚卢旺达语使用广泛，但卢旺达人的基尼亚卢旺达语读写能力普遍不高，用基尼亚卢旺达语编写的高质量教科书和吸引公众的读物不多。一些报纸杂志使用基尼亚卢旺达语，但使用当地语言与公众进行交流的公众传媒主要是广播电视。

2009 年对广告和标识语言的调查发现，基尼亚卢旺达语的使用频率低于法语和英语。

卢旺达独立后，法语依然享有威望和政治权势语言的地位，母语基尼亚卢旺达语读写能力受到某种程度的忽略。在小学阶段后，基尼亚卢旺达语不再是学校的教育语言，小学生升入中学要经历双语转换，从使用母语作为教学语言转向使用英语或者法语作为教学语言。基尼亚卢旺达语并不享有作为卢旺达唯一非殖民者语言的优势。

法语是比利时殖民者留下的语言。从 1890—1962 年比利时殖民地期间，殖民者将法语作为官方语言，独立后，卢旺达保留了法语的官方语言地位。在 1994 年前，卢旺达被看作法语圈国家，并且是法语国家联盟成员。

卢旺达内战和大屠杀以后，法国和卢旺达矛盾加剧，从 1994 年以来，法语的影响逐步减弱，但其仍然保持了主导地位。例如，在广告和标识的语言使用频率上，法语超过英语和基尼亚卢旺达语，使用法语的人数超过使用英语的人数。

同样，从 1994 年起，英语开始与新的身份和意识形态相关联。英语是赢得政权的卢旺达爱国阵线成员的语言。大屠杀后，许多流亡者从流亡地返回卢旺达，他们来自乌干达、刚果、布隆迪、坦桑尼亚、肯尼亚、南非和非洲以外的国家，其中有些人使用法语，但大多数使用英语。1996 年，英语成为与法语和基尼亚卢旺达语相同的官方语言，享有同等地位。

据统计，从国外回归者的人数是 50 万～80 万人。卢旺达爱国阵线的大多数人在流亡乌干达和坦桑尼亚期间成长，他们使用英语，其中很多人掌握实权。卢旺达使用英语的人估计是 1.9%～5%，使用法语的人估计是 3%～5%。使用英语和法语的群体都属于社会精英群体。

在 1996—2008 年期间，卢旺达是 3 语国家，成绩好的中小学生能够使用作为主要教学语言的英语或者法语，基尼亚卢旺达语和其他语言作为科目学习。对大学生的要求是熟练使用英语和法语，但教育遭受战争的摧残，教师流失，教材和校舍遭到严重毁坏，官方的语言规划与教育现状相距甚远。2008 年底，卢旺达教育部决定从小学一年级开始将英语作为唯一的教学语言，小学 6 年级毕业后的中学入学考试也全部采用英语，中学和大学教育也使用英语作为教学语言，基尼亚卢旺达语作为科目学习。

这样，英语的地位上升，成为政府行政和社会精英，以及从英语国家返回者的语言。但是学习英语的资源有限，难以满足大多数卢旺达人学习英语的需求，其中也包括使用法语的精英群体。这样，语言政策的变化催生了一批收费高昂的私立英语培训机构。在以法语为主的小学，教师不得不利用晚上和周末参加英语培训，然后把刚学到的英语知识热炒热卖地教授给学生，否则他们有失去工作的危险。卢旺达基加利教育学院所有课程将使用英语教学，从 2009 年开始，考试将使用英语。其他大学也开始仿效这一方法。

大多数公众支持官方语言政策的变化，他们相信英语会带来社会经济效益，但也有一些不同意见。卢旺达的社会冲突在很大层面是身份冲突，经济差别，阶层冲突，语言差异，获得公共产品的机会不平等如接受高等教育和获得白领工作的机会等都会加剧社会冲突。因此，卢旺达的内战和大屠杀不仅涉及种族冲突，还涉及政治、社会和经济冲突。语言问题与冲突密切相关，与身份认同相关，也与政治、社会和经济冲突相关。

对于复杂的族群问题，卢旺达的主流话语强调卢旺达不存在族群问题，而语言使用成为了身份象征，特别是在精英群体中。卢旺达的语言政策涉及政府对族群的解释和改变卢旺达人对群体忠诚的自我感受的方法，涉及对族群在卢旺达社会中所起作用的认识。在战争和大屠杀后，卢旺达政府强调所有卢旺达人首先是卢旺达人，所有卢旺达人共享基尼亚卢旺达语，所以属于相同的族群。卢旺达不存在不同的族群，也没有造成族群差异的语言，不同族群的划分是比利时殖民者的所为。卢旺达官方强调，共享的语言、文化、宗教和习俗的群体就是相同的种族，因此，卢旺达人理所当然是一个种族。

一般文献认为，卢旺达有胡图族，图西族和特瓦族 3 个族群，但在大多数卢旺达人日常生活中，族群的区分是一个有争议的话题。卢旺达族群起源的争议是因为缺乏史前人口迁移模式的证据，仅有少量考古发现。而这些发现与口述历史又有矛盾，也难以满足不同政治目的的解释，而口述史作者又会带有反映自己族群和社会忠诚的立场。

卢旺达官方认为，卢旺达社会分裂和冲突的来源是殖民统治，尽管社会阶层和财富的群体差异在殖民统治之前就存在，但被欧洲殖民者为了殖民统治而有意强化了，从而造成卢旺达社会和民众的分裂，造成了胡图人和图西人的敌意。在不同的时期，为了不同的目的，殖民者政府对图西族人和胡图人给予了不同的权力和机遇，有意地在社会政治经济和教育等方面边缘化某一群体，最终导致了种族矛盾和内战。

也有一种观点认为，种族概念是通过感知不同群体之间的交往和摩擦建构的。种族概念的建构是多维的和变化的，其包括语言、食品、职业、居住地以及人种的差异的感知，对于相信自己属于某个群体的人们来说，这种建构是显性的。因此，卢旺达的冲突很大程度就是基于身份的冲突，许多卢旺达人根据职业、财富、地域等许多因素，认为自己属于不同的群体，例如当今对法语和英语的选择也成为族群归属的标志。

卢旺达议会对族群的定义强调了共享的语言基尼亚卢旺达语，文化，宗教和土地。政府报告对这一观点给出的详细解释是：从来没有什么“胡图族的国家”“图西族的国家”和“特瓦族的国家”。在殖民者到来之前，卢旺达人就有了共同的宗教和共同的语言。西方殖民者为了实施分而治之的政策和手段，在没有清晰明了的标准的情况下，杜撰了一个没有任何实证支持的种族起源理论。

为了改变公众对于种族群体的看法，卢旺达的刑法在 2004 年添加了一个“分裂主义”的条款，对任何以分裂目的谈论种族区别的人和利用媒体煽动暴力的人实行法律制裁。这种对于口头和书面语言煽动暴力的担忧是有根据的，因为卢旺达大屠杀的罪犯就是通过宣传广播、流行歌曲和学校教科书来传播种族仇恨和煽动暴力。卢旺达问题国际刑事法庭的几个著名判决就包含了对数起利用广播电视和报纸煽动种族仇恨的案例。

2006 年，卢旺达政府开始了消除大屠杀意识的运动。大屠杀意识源自对大屠杀的研究，出现在 2003 年宪法中，但在 2006 年以新的方式进入关于种族的社会话语。卢旺达议会是这样定义大屠杀意识的：主要作用是煽动仇视和造成险恶的氛围，以实施迫害和消灭卢旺达人民的某一部分，并使其合法化的一系列观点和表述。这些观点和表述的核心是使用种族概念来煽动恐惧、仇视和暴力。因此，对于大屠杀意识的解释集中在种族灭绝上。对于大屠杀意识的法律规定包括了对一个群体的歧视或者煽动种族敌视的各种行为的惩罚。

受过教育的卢旺达人的群体差异通过语言来标记，英语和法语成为了受过教育的精英的语言，是身份和群体的标记。社会分裂凸显了语言在卢旺达社会中的作用，因为与当地语言不同，英语和法语会显得是中性的，但实际上是基于意识形态的，服务不同的阶层利益。

内战导致了卢旺达群体的分裂，内战也受到种族差异和群体忠诚的影响。群体忠诚不仅是基于个体自愿的选择，也是来自他人对个体的看法。1994 年以前居住在卢旺达并且是战争幸存者的人通常使用法语，居住在乌干达、坦桑尼亚和其他英语国家的流亡者使用英语。

这些人是殖民地时期因为种族暴力逃离卢旺达的，他们大多数使用基尼亚卢旺达语，不会也不愿学习法语，不过，也有一些在内战前逃亡到刚果和布隆迪的图西人使用法语。这两个国家有大量图西族人，他们使用基尼亚卢旺达语的其他变体，并且也是以前从卢旺达流亡出来的。内战和大屠杀后流亡到刚果和坦桑尼亚的人大多数是胡图人。流亡后居住的国家，战争和大屠杀前后的经历，使用的语言，这 3 个因素反映了战争对卢旺达人和群体身份的影响。

卢旺达的语言和族群关系密切，而政治在语言政策中起到了重要作用。许多卢旺达精英阶层曾经流亡和成长在使用英语的邻国，1994 年后，这些精英阶层在获得政权后将英语添加为官方语言。

许多非洲国家改变了语言政策，将英语置于与母语同等或者更高的地位，促进英语作为教学语言。卢旺达的语言政策同样将英语作为官方语言和学校教学语言，认为早期掌握英语有助于卢旺达参与全球经济发展，尽管有可能牺牲母语的读写能力。

卢旺达的公众对于英语作为教学语言持积极态度，许多人认为英语是促进社会繁荣稳定的必要步骤。卢旺达所在的东非大湖区经济主要是使用英语的国家主导，这些国家包括肯尼亚、坦桑尼亚和乌干达。因此，英语是加强国际交流的理想工具，是与世界交流的钥匙，能够更好地得到知识转移。这些因素使得卢旺达在 2009 年加入了东非国家共同体。

使用英语的精英们从国外带回来的文化和语言资本，是东非市场上价值不菲的商品。这种语言资本解释了为什么卢旺达人对学习英语持有积极态度。教师、学生和家长认为英语是获得更好的教育机会和经济机会的重要手段，大多数人对英语作为教学语言抱有乐观主义心态。在知识和劳动力流动的全球化市场，英语享有越来越高的地位，但这一潮流掩盖了将英语作为教学语言的内在危险，认为英语将有利而无害地促进教育和经济发展的观点是不全面的。

根据卢旺达的社会实际，将英语在短期内转换为教学语言的方法可能将难以实现预期的结果，正如以前大多数卢旺达青少年从来没有学过法语一样。大多数学校设施匮乏，包括最基本的设施和教材；缺乏合格的英语教师，许多教师一边学习英语一边给学生上课；许多学校辍学率高，包括学费、价值观和贫困原因，迫使孩子在家劳动以补贴家用。最后，第二语言的读写能力不同于会话能力，其发展需要很长时间。新语言政策的转换会让那些有机会在家里或者曾经生活的国家学到了英语的孩子受益，而那些在课外没有机会接触英语的孩子有可能在学习上掉队，并且有可能失去上中学的机会。

2001 年，许多学校采用了法语和英语作为教学语言的双轨制，同时竭力寻找合格的英语老师，以执行新的语言政策和完成教学。但因为缺乏合格的英语教师，许多学校不能完全实施新语言政策。在实际教学中，会出现不同教师使用法语或者英语教学，学生只好在两种语言中转换。如果条件许可，有的中学迅速转向了将英语作为唯一教学语言，这些学校主要是首都基加利的少数新建学校，其他学校则是将法语作为唯一的教学语言。许多大学生在入学时对英语和法语两种语言都不熟练，不得不在第一年参加语言强化班学习。在资源匮乏的学校，疲于奔命的教师缺乏准备，很难完成法语和英语的同步教学。资金、教师培养和学生的外语能力都是需要解决的挑战。在教学中，教师经常使用母语基尼亚卢旺达语来作补充解释以帮助学生理解，许多教师来自其他国家的教师，如东非共同体国家，他们许多人不会使用基尼亚卢旺达语。有的学生在流亡国外时使用的是法语，小学 4 年级回国后，学校使用基尼亚卢旺达语作为教学语言，法语就遗忘了，在中学，法语又作为教学语言，这种频繁的语言转换影响了学习效果。不同学校使用不同的语言教学也导致教学内容和学生的理解程度出现差异。

在后殖民地的非洲，前殖民者的语言通常被保留下来，作为科学、技术、政治权势和有影响力的语言，学生要经历从母语到外语的转换，卢旺达的学生要从母语，法语，然后到英语的不断转换。许多教育界人士认为，经费和师资是卢旺达新语言政策实施的拦路虎，学校需要英语的教学大纲和合格的教师。没有受过足够英语训练的教师经常转向使用母语教学，这又导致了学生在两种语言上读写能力发展都不充分。这一问题是在原殖民统治时期学校教育遗留的问题，而今天的许多国家依然没有完全解决。

Blommaert (2001)对南非学校教育的研究发现，农村和非白人学校教学质量不佳。人们认为英语具有帮助阶层上升和提升社会经济地位的作用，能够保证今后的中产阶层生活。但是，调查发现学生的英语水平不足以在社会上使用，一些学生的英语夹杂了大量当地语言特征，在当地或许可以教学交流，但一旦离开当地，就很可能失去使用价值和作用。

对大多数卢旺达学生而言，转向英语可能会让那些母语和英语的读写能力都没有充分发展的学生边缘化。尽管新语言政策的初衷是学习英语以改善社会经济状况，但是，以牺牲母语的读写能力而早期学习英语并不能保证获得足以参与全球化经济的语言能力。

语言学家提出的一个解决方法是附加的多语教育。这种方法认为，尽管英语作为唯一的教学语言难以收到预期的效果，但不是要取消英语。确实有一些学生通过努力，天赋和帮助能够获得成功，但更多的学生如果具备了母语基尼亚卢旺达语的读写能力，他们就能够更好地提高职业技能的学习和训练。多语语言政策的目标致力于发展双语群体，让所有孩子有更好的机会参与卢旺达的经济建设，无论他们是选择读中学还是打工务农。

基尼亚卢旺达语为卢旺达学生提供了普及教育和提高读写能力的机会。附加的多语教育政策有助于基尼亚卢旺达语至少在早期学习中作为教育语言，并且在孩子开始学习英语或者法语时保留所掌握的母语能力。例如，基尼亚卢旺达语与斯瓦希里语近似，斯瓦希里语是东非国家共同体商贸的主要语言。大约有11%的卢旺达人使用该语言，所以，卢旺达学校可以选择将其纳入语言学习课程。

这种多语语言政策不会妨碍英语作为基本技能的地位，但能够防止因为语言而导致的教育机会和资源的不平等，也不会对那些在学校学习法语的学生带来障碍，相反，法语能力也是重要资源，能够给他们带来学习的好处，并且不会影响他们接受教育的机会。

作为语言转换的过渡，学习法语的学生可以继续法语课程的学习，同时学习英语。因为按照目前的政策，现在的一年级学生开始学习英语，那么，几年后法语作为学校教学语言自然就没有存在的必要了，那时，学校教育就能够专注于英语和基尼亚卢旺达语的双语教育。如果要在1～2年间完成从法语向英语的转换，会使得那些学习法语，具有天赋和能力的学生失去升入中学学习的机会，这也不利于国家的长远发展目标和大多数人的利益。

英语是重要的世界语言，也是卢旺达官方语言。熟练掌握英语被看作是促进经济发展，获得商贸机遇和知识的关键，但是，小学早期3～6年的母语教育，然后转向学生所不熟悉的其他语言，结果有可能导致既缺乏基本的读写能力，也缺乏必要的职业技能。从小学一年级开始将英语作为教学语言不能保证学生母语读写能力的发展，也不能保证其获得英语的读写能力。对那些从小学习法语的学生，则完全可能是失败。

有助于提高基尼亚卢旺达语读写能力的多语语言政策则有助于克服上述的问题。根据卢旺达社会经济发展现状和需求，卢旺达更需要的是受过良好教育的技术工人。他们掌握了基尼亚卢旺达语读写能力而非对英语一知半解，附加的多语语言政策能够让更多的学生获得教育机会。与大多数非洲国家不同，卢旺达发展教育得天独厚的优势在于基尼亚卢旺达语是全国唯一的民族语言，卢旺达语言政策的成功有助于发挥非洲语言所具有独特作用和价值。

语言政策涉及方方面面，从法语转向英语给教育带来问题和挑战，特别是缺乏教育资源和合格的英语教师，也对学习和使用是母语或者法语的学生不利。因此，2011 年，卢旺达政府规定基尼亚卢旺达语重新作为教学语言。

第六章 卢旺达的社会语言生活

1994年的内战和大屠杀结束后，许多使用英语的卢旺达人从流亡他国后返回并且掌握了政权，在这一背景下，卢旺达官方的语言政策发生了巨大变化。英语与法语和基尼亚卢旺达语一道成为官方语言。新的语言政策变化，使得三种官方语言的使用、作用和地位发生变化，包括在行政、教育和媒体领域的使用与地位。

与其他非洲国家有多个民族语言的现状不同，在卢旺达，有99.4%的人口使用民族语言基尼亚卢旺达语，基尼亚卢旺达语享有较高语言地位，其他几种语言使用者较少。法语和英语作为第二语言使用的人口比例分别是3.9%和1.9%，使用斯瓦希里语的人口比例为3%。

自从卢旺达独立以来，法语就是高等教育和政府行政的语言，而卢旺达语言政策的变化，是让英语取代了法语的地位。根据2003年的卢旺达宪法第一条第五款规定："基尼亚卢旺达语是民族语言。官方语言是基尼亚卢旺达语、法语和英语。"三种语言享有平等的地位。但是在现实中，三种语言在包括宪法的规定和在官方机构中的实际使用中有所不同。

卢旺达几种官方语言的不同作用和地位实际上是一种语言市场的竞争。在卢旺达，非正式领域几乎都使用母语基尼亚卢旺达语。但在官方领域和正式领域不一样，官方领域包括立法、司法、执法和行政；正式领域包括教育、媒体和商业标示。在这些领域中，法语、英语和民族语言基尼亚卢旺达语和斯瓦希里语的使用是不同的，因为社会文化和经济诸方面的原因，造成了不同语言的不同地位、影响力和使用模式。

语言的使用如同商品，也存在语言市场的竞争关系，也受到供求关系制约。同时，语言市场也受到政府的干预和控制。语言不仅是交际的媒介，还是社会政治的工具。语言还分为强势语言和弱势语言。强势语言多是欧洲主要语言和表述知识的语言，语言使用的领域越广，就越强势，强势语言的使用者包括中产阶层，政治和知识精英。

根据卢旺达宪法，基尼亚卢旺达语、法语和英语这三种官方语言是平等地位。但在政府机构中，对它们的使用有所不同。卢旺达法律文本使用的三种官方语言顺序是基尼亚卢旺达语、英语和法语。在1997年以前，法律文本使用的语言是法语和基尼亚卢旺达语，现在，基尼亚卢旺达语的排序是第一，反映了其在官方领域的功能变化。在官方机构，基尼亚卢旺达语广泛使用在书面语和口语交际中，并且也是法语和英语使用者之间的交际语言。在地方行政部门，几乎都是使用基尼亚卢旺达语。

卢旺达军警以前是使用斯瓦希里语，现在更多的是英语。首先，大多数军官是在英语国家接受的训练，其次，几乎所有人都会使用基尼亚卢旺达语，斯瓦希里语就失去了必要性。在执法机构，基尼亚卢旺达语广泛使用在正式和非正式的口语交际中。在正式书面语中，军队使用英语和基尼亚卢旺达语，两种语言比例大致相等。在司法机构，基尼亚卢旺达语广泛使用在书面语和口语交际中，案例多是首先使用基尼亚卢旺达语记录，然后翻译为其他官方语言。而报告之类的文件多是使用法语。

在身份证和护照等官方证明中，三种官方语言的使用顺序不一，如1997年以后的身份证和2004年以后的护照使用的语言顺序是基尼亚卢旺达语、英语和法语。银行钞票是法语居中，英语和基尼亚卢旺达语在两边，硬币是使用基尼亚卢旺达语，邮票则是使用法语。

官方机构标记牌的语言使用也不一致。教育部的标记牌是基尼亚卢旺达语、英语和法语。议会的指南中，名称和职务标记是法语和英语顺序，访客胸牌和办公室名称是法语，显示选举进程和结果的电子显示器则是英语。很多旧标识是使用法语和基尼亚卢旺达语，新标识多是使用英语。

在教育领域，卢旺达小学分层是1～3年级为初小，4～6年级是高小。中学也是6年，分初中和高中。高中阶段学习职业教育课程和学术课程。1994年的教育改革许可选择法语授课的小学生在4年级后继续使用法语，而选择英语的学生继续使用英语。1997年教育部出台新的教学大纲，规定小学同时使用基尼亚卢旺达语，英语和法语。基尼亚卢旺达语作为1～3年级的教学语言，英语和法语作为课程学习。2003年的法律规定了学前教育，初等教育和中等教育的年限和功能，同时规定小学1～3年级教学语言是基尼亚卢旺达语，4年级后是英语和法语。2003年的教育政策规定，基尼亚卢旺达语、英语和法语都是必修课程。法语和英语的课时数相同，初小为每周4节，高小为每周5节。小学1～2年级的基尼亚卢旺达语每周课时是7学时，3年级是6学时。

在初等教育阶段，许多公立小学的1～3年级仍然使用法语教学，以能够更好准备使用法语的4年级考试，同时也希望与使用法语和英语教学的私立学校竞争。小学4年级使用英语作为教学语言的改革进展缓慢，特别是农村地区的学校，因为缺乏合格的英语教师。

卢旺达独立以来，法语一直是中等和高等教育的教学语言。2003年的法律规定，中学教学语言是法语和英语。2008年的教育改革则规定了英语是各级学校的教学语言。1994年以来出现了一些私立大学，他们和卢旺达国立大学一道，将英语和法语都作为教学语言。因为80％的学生的第二语言是法语，所以，卢旺达国立大学和基加利教育学院开设了为期一年的语言课程。在以前，大学的教学语言由学校自己根据师资情况确定，但现在规定将英语作为教学语言。

大学的正式口语交际情况不一致，有的大学是使用基尼亚卢旺达语和英语，有的是使用基尼亚卢旺达语和法语。大学的书面语交际使用的是英语和法语，但哪种语言使用得更频繁依学校的情况而不一致。

在过去，法语是高等教育的语言，使用在口语和书面语交际中。随着国家语言政策的改变，英语也成为高等教育的教学语言。有意思的是，这使得基尼亚卢旺达语的使用频率更高，成为大学内部的非正式交际语言，因为学校出现了使用法语和使用英语的两个群体，他们相互之间的交流经常使用基尼亚卢旺达语。

卢旺达教育改革在 2008 年出现重大变化，而卢旺达语言政策也发生重大改革。当年 10 月，教育部决定所有层次的公立学校使用英语作为教学语言，并且在 2009 年开始实施。2009 年，卢旺达加入了英联邦国家组织，公共服务与劳工部也开始对所有政府雇员实施语言培训。这一语言政策的变化使得所有卢旺达人使用的母语基尼亚卢旺达语失去了作为教学语言的地位，也使得卢旺达人失去了身份认同的标记。按照语言政策的规定，作为唯一教学语言的英语在所有教育层次占据了主导地位。但在实际应用中，英语的使用并非如此。

对包括广播电视和报刊的媒体的语言使用没有具体的政策规定，由媒体机构自己决定所使用的语言和百分比。广播电台包括官方和私营广播电台。官方广播电台是卢旺达广播电台，其从 1960 年建立以来，所使用的主要语言是基尼亚卢旺达语，辅助语言是法语、英语和斯瓦希里语。从 1989—1999 年，基尼亚卢旺达语和斯瓦希里语的使用频率下降，英语增加，而法语不变。从 1999—2006 年期间，基尼亚卢旺达语使用频率增加，法语减少，英语和斯瓦希里语保持不变。近年来成立的几家私立广播电台所使用的语言是基尼亚卢旺达语、法语、英语和斯瓦希里语。基尼亚卢旺达语使用占比是 72.8%，法语是 19.8%，语言是 7.4%。斯瓦希里语与英语相似。

卢旺达电视台从 1992 年开始使用的是基尼亚卢旺达语和法语。

1994年后开始使用英语。1999年，基尼亚卢旺达语的使用占比是46.9%，法语是36.3%，英语是20.8%。在2006年，各种语言的使用占比是基尼亚卢旺达语为34.3%，法语是26%，英语是39.7%。英语的比例大幅增加。

2006年，有70.6%的报刊是单语，其中66.7%是基尼亚卢旺达语，法语和英语报刊分别是16.7%。基尼亚卢旺达语的报刊发行量最大。从2005—2006年，在报刊广告上的各种语言占比，法语为50%，英语是28%，基尼亚卢旺达语为24%。不过，法语的占比逐渐下降，英语占比逐渐上升。综上所述，在公立和私立广播和报刊中，基尼亚卢旺达语的地位最高，媒体选择的是最适合所有卢旺达人的语言。而在电视和广告中，使用最频繁的是英语。

在比利时殖民地时期，法语是卢旺达官方语言。但现在，在商店标识上，使用最频繁的是法语和英语，基尼亚卢旺达语居后。而在首都基加利，大多数广告牌是英语或者基尼亚卢旺达语，英语的使用程度比法语更流行，街头对话也多是英语。

因此，在2006—2008年期间，政府机构使用的主要语言是是基尼亚卢旺达语，包括口语和书面语的正式和非正式交际。但随着2008年语言政策的改变，这一局面发生了变化。在官方证明文本中，法语和英语的使用有别。基尼亚卢旺达语作为英语和法语使用者交流的共同语码，或者使用在对话方语言情况不详时。

在普通教育领域，基尼亚卢旺达语的地位让位于英语和法语。尽管英语的使用逐渐增多，但法语在许多学校还是主导地位。根据2008年的语言政策，英语的地位将会取代基尼亚卢旺达语和法语的地位。在高等教育领域，基尼亚卢旺达语的使用在非正式交际中相当普遍，但在私立大学中，英语和法语使用更普遍。

基尼亚卢旺达语是广泛使用的交际语言，特别在报刊和广播中。但基尼亚卢旺达语在电视的使用中逐渐下降。在报刊广告中，法语使用最多。在标识中，英语和法语的使用频率超过基尼亚卢旺达语。

总而言之，基尼亚卢旺达语的地位从 2008 年起开始下降，特别是在教育领域，从使用英语和法语转向英语作为唯一教学语言。但这一语言政策在小学的实施有可能给学习和使用不同语言的学生带来学习的问题，特别是发展读写能力的问题。因此，2011 年，卢旺达政府重新规定基尼亚卢旺达语也作为教学语言。英语在教育和行政的地位和作用因为语言政策得到强化，英语使用者也获得更多优势。卢旺达的语言现状在许多方面并不与官方语言政策一致，三种官方语言存在竞争关系，并且受到社会经济和文化等多方面的影响。

第七章　卢旺达语言政策中的母语——卢旺达语

在卢旺达语言规划的讨论中，注意力更多集中在法语和英语的选择和冲突，而非这些外来语言和当地语言基尼亚卢旺达语的选择和使用之间的关系，对卢旺达民族语言基尼亚卢旺达语的关注不够，因此，讨论有可能忽略了现实的语言问题和重要的参与者。

基尼亚卢旺达语是绝大多数卢旺达人的母语，对于作为外语的英语和法语的选择和使用的讨论有可能忽视了社会对基尼亚卢旺达语的需求。2008 年 10 月卢旺达教育部决定，英语成为所有层次学校的教学语言，但是，人们生活中语言问题，包括民族语言非常重要，卢旺达民族语言基尼亚卢旺达语就是卢旺达民众日常生活中全面使用的语言。

卢旺达的语言政策既与曾经的殖民地历史经历有关，也与经济全球化有关。在全球化背景下，许多国家为了发展而选择学习和使用英语，因为英语是国际组织、经济和科技领域的通用语。但是，在全球化背景下，每个国家都有必要促进自己的民族语言，加强和保护自己国家的文化和语言财富，避免本土语言在现代化进程中的流失。语言政策的制定需要清楚促进本土语言的根本作用，清楚本土语言在国家社会经济发展中的重要性，语言的选择和语言政策不能忽略母语的价值和作用。

一个积极的语言政策是既不排斥外语，但同时考虑本土语言的价值、发展和象征意义，从而保护当地语言和文化。在社会经济发展中要警惕这种思潮，即认为现代化进程中，只有外语才能满足需要，而非洲本土语言不适应现代化的需求。同时，语言政策还需要明确，外语在现代化进程中不能处于排他的统治地位，非洲本土语言也完全能够承担国家现代化的需求。因此，促进非洲语言不能仅限于语言和文化保护，还应该在日常交际，社会交往和社会发展中起重要作用，例如农业推广，职业培训，教育和医疗健康等发展项目中。

在很多情况下，只有非洲语言本土才能够确保交际畅通。在卢旺达，只有母语才能够深入民众，才能表达卢旺达独特的社会文化现象，如果没有使用基尼亚卢旺达语，政府或者国际机构实施的发展项目会遇到很多障碍，基尼亚卢旺达语是卢旺达发展项目成败的重要因素。

卢旺达民族语言基尼亚卢旺达语是卢旺达绝大多数人日常生活使用的语言，也是卢旺达官方语言之一，但是对该语言的重视不够。例如，卢旺达国立大学计划在学科调整中把教授基尼亚卢旺达语和斯瓦希里语语言学的非洲语言系取消，把这两种语言放入现代语言系，该系教授包括基尼亚卢旺达语和斯瓦希里语在内的卢旺达最主要的4种语言。因为英语是信息经济时代信息和通信领域的语言，使用英语有利于促进经济发展，卢旺达语言政策是倾向英语教学，英语将成为唯一的教学语言。

在现实中，对基尼亚卢旺达语不够重视，许多促进基尼亚卢旺达语的项目有始无终或者最终都被放弃。许多教育界人士和专家建议从幼儿园开始学习母语基尼亚卢旺达语，但是，许多富裕家庭把孩子送到法语或者英语教学的学校。另外，提高基尼亚卢旺达语的读写能力在城市和农村面临不同的挑战。调查发现，首都基加利的居民对提高孩子基尼亚卢旺达语读写能力的支持率比农村低，因为他们的孩子很多在法语和英语学校学习。

尽管卢旺达的教育改革呼吁在日常生活中促进基尼亚卢旺达语的使用，包括教育领域，但是，因为缺乏确切的方向和目标，民族语言被作为家庭日常用语而没有满足其作为官方语言的作用。根据卢旺达的现实和未来的发展，语言规划需要优先考虑基尼亚卢旺达语的本体规划和现代化，考虑基尼亚卢旺达语的标准化和普及，让基尼亚卢旺达语适应发展的需要，将基尼亚卢旺达语广泛地和有效地融入社会生活。另外，还需要加强卢旺达社会语言学状况的研究，加强民族语言重要性的认识，加强语言政策实施的策略和方法的研究，加强民族语言政策与非洲其他语言关系的研究。基尼亚卢旺达语应该最终有效地融入了社会生活的各个方面，语言地位得到确定，成为促进卢旺达政治、经济、社会和文化发展，和政府和民众在各个方面沟通交流的主要语言。

第八章　卢旺达议会的语言使用状况剖析

语言政策包括宏观语言政策和微观语言政策，对语言政策的分析包括微观语言政策和宏观语言政策的微观实施。微观语言政策和宏观语言政策的微观实施不同，微观语言政策表示当地的实施者"根据自己的需求和问题建立的语言政策"(Baldauf 2006:155)。卢旺达2003年的宪法对宏观语言政策表述是：基尼亚卢旺达语是民族语言，与英语和法语一道是官方语言。在议会2005年和2006年的组织法文本中，对语言选择的规定是，草案使用三种官方语言，三种语言被看作平等的。

基尼亚卢旺达语是卢旺达民族语言和第一官方语言，是大多数民众使用的语言，大约99%的人使用基尼亚卢旺达语，并且90%的人只会使用基尼亚卢旺达语。法语是前殖民者留下的语言，使用人数为3%～5%。因为大量卢旺达人从使用英语的国外返回，英语在1996年成为官方语言，使用人数为3%。

微观语言政策和宏观语言政策的微观实施的在于当地的机构、群体和社区是实施自上而下的政策，还是根据自己当地的需求建立的语言政策(Baldauf, 2006:155)。这样，微观语言政策出现在没有宏观政策或者宏观政策的不充分两种情况中：没有宏观语言政策，当地机构自己负责语言政策，如家庭语言政策；或者有宏观语言政策但是不能满足当地需求。Spolsky(2009)认为语言政策包括3个要素：语言实践、语言信念和意识、语言管理。或者称作实践的政策，感知的政策和既定的政策。

卢旺达的宏观语言政策有特定目标和需要解决特定问题,要解决的两个需求是社会符号需求目标(身份认同)和工具需求目标(行政效率)。社会符号需求目标的表述是民族语言,工具需求目标的表述是官方语言。因为大多数卢旺达人使用并且仅会使用基尼亚卢旺达语,所以,基尼亚卢旺达语与卢旺达特质相关,语言被认为是表达身份认同,例如卢旺达国歌的歌词:我们共同的文化是身份的标志,我们的语言把我们相连。反过来,不会使用基尼亚卢旺达语表示不属于卢旺达群体。1994 年以后,政府致力于实现民族和谐,并且以语言的单一性作为证据致力于强调卢旺达族群的共同性。

工具需求目标也就是行政效率目标。尽管宪法规定了三种官方语言,但是,在现实中,基尼亚卢旺达语占据了主导地位。只有当使用者不熟悉基尼亚卢旺达语时,才使用其他两种官方语言,这时会有微观语言政策。例如,在所有学校使用英语作为教学语言之前,政府就颁布了微观语言政策,大多数机构的网站所使用的也都是英语。

卢旺达宪法规定了民族语言和官方语言,但没有规定具体的语言使用。卢旺达议会是立法机关,分上院和下院。卢旺达议会有什么具体的语言政策,议员们对宪法中语言规定如何理解,他们对语言政策的信念和意识是什么,卢旺达议会的日常语言实践是什么情况,三个语言政策要素之间有什么关系,这些都值得讨论和关注。

卢旺达议会与语言相关的有两个重要文本,一个是卢旺达宪法,另一个是组织法。《卢旺达宪法》第 93 条规定是:法律使用基尼亚卢旺达语和其他官方语言。该条款显然是更强调基尼亚卢旺达语,并且表明了基尼亚卢旺达语和非基尼亚卢旺达语(英语和法语)的对比。议会组织法规定,议会的议案草案的起草可以使用不同的官方语言,表现了三种官方语言的平等,而没有规定需要使用哪种语言。因为议会的语言使用是要满足工具型目标。宪法和卢旺达议会的语言文本在语言选择上存在显著差异。宪法是关于语言地位规划宏观语言政策,基尼亚卢旺达语居主导地位。而议会组织法是微观的语言政策。

第四篇
卢旺达教育语言政策与实践

第一章　非目的语环境下汉语学习的多语辅助策略

一、引言

学习策略是第二语言习得研究中的重要领域，学者们运用多种方法从学习者的不同背景和不同类型分析了不同学习策略的类型（秦晓晴 1996）。汉语作为第二语言的学习策略研究也得到了越来越多的学者重视。徐子亮（1999）以 60 名来自不同国家，汉语水平也不相同的学生为考察对象，详细分析了留学生汉语学习时使用的 7 种策略，其中，借助母语是留学生学习汉语时常见策略。江新（2000）对留学生的汉语学习策略进行了量化排序，研究结果表明留学生使用汉语学习策略的多寡依次为：社交策略、元认知策略、补偿策略、认知策略、记忆策略和情感策略。这些策略的使用跟学习者的母语和汉语学习时间有密切关系。李强等（2011）以 109 名留学生为调查对象，探讨了学习者性别、母语、汉语水平、年龄、汉语学习时间五个因素与学习策略之间的相关性，其实验结果表明母语与学习策略之间没有显著的相关性。随着研究的深入与细化，对少数民族和不同国别的学生汉语学习策略的研究也逐渐兴盛起来（杨黎 2016；余香莲、黄超 2016）。除了对国内留学生汉语学习策略的关注，也有学者将视角转向了非目的语环境下学生的汉语学习策略，陈天序（2013）分别考察了美国和泰国学生在非目的语环境下汉语学习策略使用的异同。

以上研究都充分证明了学习者的母语在汉语学习策略中有一定影响，然而上述成果多以目的语环境下的汉语习得为研究内容，非目的语环境下的汉语学习策略较少受到关注。2004 年至今全球已有 140 个国家和地区建立了 511 所孔子学院和 1 073 个孔子课堂[①]，而派往世界各地的汉语教师和志愿者教师多数以英语作为第二语言或教学语言。在非目的语环境下的汉语教学成为大多数的现实情况下，学习者在汉语学习时如何处理母语和外语？在多语国家，学习者又是如何处理汉语学习过程中的其他语言？这些问题也值得研究。

本研究以非洲卢旺达大学教育学院孔子学院[②]的汉语学习者为对象，考察他们在非目的语环境下如何利用其他语言（卢旺达语、英语和法语等）来辅助汉语学习，以期为海外，尤其是多语环境下的汉语教学提供参考。

二、研究背景

卢旺达人几乎全部以卢旺达语为母语，但卢旺达语并不是卢旺达境内唯一使用的语言。据卢旺达 2002 年的统计报告，卢旺达人中有 3%的人使用斯瓦希里语（Swahili）这一东非区域交际语，3.9%的人使用法语，1.9%的人使用英语作为第二语言（Rwanda 2005）。卢旺达的语言政策历史是造成目前这一现状的主要因素。1890—1962 年间，卢旺达被比利时殖民，比利时人将法语定为卢旺达的官方语言。1994 年之前，卢旺达一直是法语国家组织的成员。尤其是 1979 年，卢旺达政府实施的教育改革，规定卢旺达从小学四年级开始使用法语教学，中学全部使用法语教学，法语一度盛行（颂文 1982）。2008 年，卢旺达教育部宣布废除法语的官方语言地位，官方语言只剩英语和卢旺达语，并且将英语作为唯一的教学语言。这就要求学生从小学一年级开始

① 参见孔子学院 2016 年年度发展报告，http://www.hanban.org/report/2016.pdf.

② 卢旺达大学教育学院原名为基加利教育学院（Kigali Institute of Education），2013 年卢旺达将所有公立大学合并为卢旺达大学，原基加利教育学院改名为卢旺达大学教育学院。

学习英语，英语成为升学考试的必需条件，英语才开始大规模使用起来（Gahigi 2008）[①]。

2008 年，卢旺达大学教育学院孔子学院开始运行，并于 2009 年 4 月 15 日正式开始教授汉语[②]。目前卢旺达的汉语教学规模已经较大，但缺乏本土教师，而派往卢旺达的教师和志愿者都是以英语作为外语，教学中也以英语作为媒介语。然而，卢旺达英语教育实施并不久，很多学生的英语水平并不足以应付课程学习（Kagwesage 2012），也无法完全听懂汉语课堂中教师的媒介语。因此，本文拟以卢旺达大学教育学院孔子学院的汉语学习者为例，研究多语环境下学生如何处理汉语学习中遇到的困难，以及非目的语环境下汉语学习的多语辅助策略有哪些？

三、研究方法

我们采用课堂观察和深度访谈的方法来研究上述问题。课堂观察是以 2012 年卢旺达大学教育学院孔子学院初级班的汉语教学为对象，课堂内 20 名大学生被分为 4 组，每组 5 个学生，分组完成汉语交际任务“生日聚会”，然后每组选出一名同学汇报该组的结果。班内 10 个学生是课后深度访谈的对象。

“生日聚会”交际任务，共有信息是商品的图片和价格以及每组固定金额的人民币，信息差为给定组内学生不同的饮食偏好和禁忌，任务是为组内某个同学的生日准备一个晚会并购买物品。我们仅记录了一组同学的讨论过程，并转写为文字。

在取得学生的同意后，有 10 名学生愿意接受我们的访谈，访谈围

① 参见 Rwanda: English language teaching kicks off, http://allafrica.com/stories/200812010940.html.

② 参见中国新闻网. 卢旺达基加利孔子学院正式揭牌，中国大使致辞. http://www.chinanews.com/hr/hr-kzxy/news/2009/07-01/1756835.shtml.

绕他们如何处理汉语学习中遇到的困难以及使用其他语言辅助汉语学习的策略展开。访谈时访谈者和被访谈者均使用英语,本文一律翻译成汉语,被访谈者使用的卢旺达语或法语则保留原文,以汉语的形式括号注明。学生姓名在本文中以 S1、S2 等代替,访谈问题以 Q1、Q2 等标记。

四、研究结果

根据课堂观察的记录和访谈的结果,我们发现卢旺达学生的确利用多种语言来辅助汉语学习,具体体现在以下几个方面。

(一)使用多种语言辅助汉语课堂活动

当教师使用目的语(汉语)或媒介语(英语)布置汉语学习任务时,小组内同学并不是全部都能准确理解或确定准确理解老师所说的,这时候学生倾向于使用其他语言来辅助理解。

S1:当我们被分成小组后,我们的注意力就不再是汉语交流了,大家对如何完成任务有不同的意见,但我们的汉语不足以让我们讨论这个。所以,我们有时会使用卢旺达语,因为大家都懂这个。

从学生 S1 的回答我们看出,为了汉语学习的顺利进行,涉及非语言练习的内容,卢旺达语是首要的选择,毕竟卢旺达语是学生都会的语言。也有学生认为是因为他们掌握的外语并不相同,只有卢旺达语才能满足沟通的需求。

S2:我们使用语言的目的是为了相互理解,如果你使用英语,有些说法语的就听不懂,如果你说法语,有些说英语的就听不懂。

Q1:当其他同学用卢旺达语解释后,你是否觉得更理解汉语老师的要求了?

S3:对,如果有人用我熟悉的语言我肯定会理解得更好,所有人应该都是这样的。

Q2:这样说,你们变换语言是为了更好地理解而采用的一种策略?

S2：对，这样是为了更好地理解内容。尤其是我们的汉语教材都是英语注释，有时候我们需要转换为法语才能更好地理解。

从学生 S2、S3 的访谈，我们得知，为了更好地理解教师所说，减少误解，他们常常借助语码转换这一手段，借助多种语言来辅助汉语学习。尤其是在教师和学生之间的语言沟通并不顺畅的时候，借助法语和卢旺达语是常见的策略。

Q3：汉语老师在课堂中常使用汉语以外的语言吗？

S4：不同老师使用频率不同。有的汉语老师英语水平较高，有时候需要做游戏或课堂活动的时候，他就用英语说明或指导。

Q4：那你们能听懂汉语老师的英语解释吗？

S4：能听懂。可能汉语老师也不会我们的卢旺达语或法语，而且老师的英语词汇一般用的都是简单的，肯定比汉语好懂。

根据学生 S4 的访谈，我们可以看到，汉语课堂中使用其他语言也很常见，尤其是为了讲解知识性内容或发布指示时，这些都是为了更好地理解汉语或指导汉语练习。也可以说，汉语课堂中使用多种语言是辅助汉语学习的策略之一。

S5：多种语言并存对我们来说是一个优势，不仅因为我们的汉语课程需要，我们学习自己的专业也需要，而且我们的老师来自中国、印度、肯尼亚、乌干达等，这都需要我们能说多种语言。

学生 S5 认为多种语言既是他们国家教育现实的需求，也是一个优势。他们有主动利用多种语言完成其他学习任务的需求和经验。使用多语辅助汉语课堂活动是很自然发展出来的学习策略。

（二）利用多种语言促进汉语理解和表达

学生 S6、S7、S8 和 S9 对问题“你们是如何完成这次汉语课老师布置的任务的？”的回答表明了他们是如何利用多种语言来促进汉语理解和表达的。

S6：首先，我们得用汉语问“你喜欢吃什么，不喜欢吃什么？”之类的问题，因为这是汉语课堂。其次，我们要看我们的钱够不够，但是汉语的钱单位不一样，要在纸上计算。计算过程使用的当然是法语。

S7：我们看到老师给的图片里有一些东西，汉语我们不太清楚，不知道要不要买。所以我们先要弄明白那些都是什么。比如，sambussa（卢旺达语，相当于汉语的“春卷”）汉语怎么说？

学生 S6 和 S7 的回答体现出了他们利用母语或熟悉的语言进行思考，以便更好地理解汉语。利用已有知识建构新的知识，利用已知语言理解新的语言是他们常用的策略。

S8：买什么都可以，小组很容易完成，每人平均分 55 美元（此处应该为元，学生使用了“dollars”代替），然后想买什么就买什么。较难的是汇报，所以我们先用法语写提纲，然后翻译成汉语。

S9：我们在努力使用汉语进行练习，但是你知道这对我们还有点儿难，所以，有时候我们说的汉语夹杂着卢旺达语和法语单词，但这样有利于我们讨论。最后才能完成课堂上老师布置的任务。

学生 S8 和 S9 的回答则表明了他们直接使用其他语言翻译成汉语或者使用汉语和其他语言混合的方式完成汉语表达。另外，使用语码转换也是小组内成员相互促进理解的一种方式，通过解释、问答，越来越多的小组成员在使用哪些汉语词汇和句子上逐渐达成共识，最终形成小组汇报内容。

（三）同学使用多种语言的帮助

除了自己使用其他语言辅助完成汉语课堂活动和汉语理解以外，有的学生也会主动使用其他语言帮助别的同学。

S10：我们也常使用这种策略。有时候，他（指 S3）会用卢旺达语解释老师用汉语或英语讲的内容，因为他是英语教师，英语比我们好，更能理解老师的意思。我们的教材虽然也有语法解释，但那些英语解释的内容我们根本看不懂。

S3：对，有时候老师说了很多英语，但我知道有的同学可能不太懂。因为当老师布置一个任务或让我们做题的时候,我看到很多同学不知道要做什么。这时候,我觉得我可以帮他们翻译一下。

Q5:除了汉语课,其他课上这种情况也常见吗?

S3:其他课也是,有时候是老师不在的时候,班里有些学的较好的同学会站在教室前面用卢旺达语或法语讲。

S8:我觉得汉语课上,能够跟上老师课程的只有 5 个学生左右,其他的都不太懂。我觉得有同学用我们懂的语言解释,是非常有必要的。

Q6:为什么不直接用卢旺达语讲,有时候还要用法语呢?

S3:卢旺达语是生活中常用的语言,但很多课程的名词卢旺达语都没有,以前都是用法语,而且很多人以前都会法语,所以有时候需要用法语。

S6:这个也要看情况。有时候遇到的生词刚好跟法语相近,我们就用法语,如果卢旺达语能说清楚,就用卢旺达语。总之,我们什么语言都用,只要能弄懂意思。

这几名同学的陈述表明了汉语学习过程中,存在一种学生自发地使用多种语言帮助别的同学理解汉语或完成汉语学习任务的情况。而对于那些英语水平不太高的学生,接受那些水平较高的同学的帮助也是很平常的事情。

(四)利用多种语言辅助完成作业和记忆

已掌握的多种语言在汉语学习中还有完成作业和辅助记忆的作用,也是学习汉语时使用的策略。

Q7:你们平时怎么完成老师布置的作业的,比如背汉语生词?

S3:有些生词,课堂上老师用了很多次,不用课下记。但有些生词只是课本中出现过,老师用的很少,我们就需要自己背。我一般根据课本上的英语注释背,因为我也教英语,有时候遇到了学过的单词,我看到英语的时候就想一下汉语,想不起来了就看看。

S2:我有的时候用卢旺达语,我觉得汉语和卢旺达语有很多相似的地方,但有时候又跟法语很像,所以我背生词的时候想到卢旺达语就用卢旺达语记,想到法语就用法语记。

S7:作业基本上都是课本后面的,但是课本上作业都是汉字和英语,有时候必须先找同学翻译成法语,我们才能自己做。否则的话,根本不知道怎么做。但是,做完作业的确对汉语学习很有帮助。

上面三名同学提到的完成老师布置的作业的方法也普遍借助了多种语言。学生 S3 本身是英语教师,接触英语较多,加之我们用的汉语教材也是英语注释的,所以常使用英语辅助记忆。而学生 S2 则认为汉语和卢旺达语和法语都有相近的地方,事实上,这可能只是他使用卢旺达语或法语辅助记忆时的选择性注意。学生 S7 则代表了很多英语水平不是很高的学生,需要借助其他外语来完成汉语作业时使用的策略。他们共同表现出使用多种语言是辅助完成汉语作业和记忆汉语生词时的学习策略。

五、讨论

通过对卢旺达大学教育学院孔子学院 20 名学生的汉语课堂观察和 10 名学生的访谈,我们了解到了他们在非目的语环境下如何完成汉语学习任务的,也发现了汉语学习过程中的多语辅助策略有哪些方面。综合来看,多种语言对非目的语环境下的汉语学习起到了辅助作用,具体体现在辅助完成课堂活动,促进汉语理解和表达、帮助同学更好理解汉语以及辅助完成作业和记忆四个方面。

本研究是以使用多种语言辅助汉语学习的策略为内容,多种语言也包括学生的母语。而使用母语作为学习策略已经被学者证实是很普遍的现象。徐子亮(1999)的调查表明 16%的学生借用母语注音,24%的学生使用母语记忆词语,在听或读时,翻译成母语再理解的学生占调查总数的 75%,在表达时,先用母语构思再翻译成汉语的占

85%。借助母语在汉语要素学习和汉语技能习得中都有很高的比例，这与本研究访谈的结果相吻合。

在卢旺达的多语环境下，其母语卢旺达语被广泛地使用在汉语学习中。但是卢旺达语只是生活中普遍使用的语言，在文化、政治、经济领域使用较少。因此，汉语学习过程中，学生的母语卢旺达语也只是作为多种语言辅助学习策略的一种，并无特殊之处。

非洲多数国家都是多语并存的，在外语学习过程中，借助其他外语学习另一种外语是常见的学习策略。Praxton(2009)以南非的英语作为第二语言学习为例，考察了南非学生在学习英语时借助本地语言或其他语言的情况，认为在南非这种多语环境下，借助学生已经懂的语言来辅助英语学习是很自然的，也是难以避免的情况。

多语环境是历史原因造成的，也是一个不可更改的现实。如何处理汉语教学中的多语问题是不可避免的现实问题。正如本文研究所揭示的，在非目的语环境下，多种语言可以辅助汉语学习，而且体现在汉语学习的各个方面。或许本文的研究对多语环境下的汉语教学有一定的启示。

六、总结

本文是基于汉语国际推广中，非目的语环境下的汉语教学的数量增多的情况下，除了汉语、英语还有学生的母语、区域通用语等多种语言并存时，研究多种语言在汉语学习时的辅助作用。研究结果表明，多种语言可以同时辅助汉语学习，形成了非目的语环境下的多语辅助策略这一特殊现象。本文的研究旨在给海外尤其是多语环境下的汉语教学提供一个如何看待或利用多语的视角。但是本文的研究仍有很大的局限，只是从多种语言是否能辅助汉语学习以及如何辅助汉语学习方面做了课堂观察和访谈。本研究需要在以下几个方面进一步讨论：

(一)汉语教学中媒介语的使用

汉语作为第二语言教学借鉴了不少外语教学法的理论,其中关于教学中媒介语的使用问题争论已久。现在研究较多的沉浸式教学法则提倡不使用外语,只用目的语。崔永华(2017)认为这种教学介于母语教学和外语教学之间,分析了美国小学沉浸式汉语教学的特点。但是在非目的语环境下,很多孔子学院仅开设一些汉语兴趣班和选修课,学生每周学习汉语的时间非常少,课堂之外又完全用不上。这种不使用任何媒介语的教学方法在推广时难度很大,对教师的要求也非常高。因此,非目的语环境下,汉语学习中的多语使用是有益的策略还是阻碍,仍需进一步的研究。

(二)多语中的优先顺序

多种语言都在汉语学习中发挥了作用,不同的学生因对多种语言掌握的程度不同所选择的语言也不同。但是有没有一种可能是学生在使用这些语言辅助汉语学习时有自己的优先顺序或共同的优先顺序。Kagwesage(2012)关于卢旺达大学生使用英语的动机调查表明,卢旺达大学生倾向于使用英语辅助其他课程的学习,是因为英语作为国际性语言的适用范围更大,因此即使英语不是他们熟悉的语言,他们也愿意使用。Kagwesage 的研究没有要考虑到卢旺达的政治和语言政策等因素。Samuelson 和 Freedman(2010)的研究认为,1994 年大屠杀之后,现任政府提出了“卢旺达人”的概念,不再区分胡图族和图西族。政府也禁止谈论民族问题。当这种区别不能公开表明时,语言就成了身份和民族的象征,成为社会精英阶层之间的区别标识。新的精英阶层是说英语的,普通民众若想在社会地位、经济、政治上获得优势,就必须使用英语。因此,优先选择英语可能并不是基于策略选择的结果。

(三)文化因素的影响

卢旺达学生的汉语学习策略中,有一种是来自同学使用多语辅助理解的现象，无论是有学生主动给别的同学讲解，还是有同学主动求助别的同学用其他语言讲解，这种课堂文化应该不是普遍的。有些文化背景下的学生可能不愿意公开或主动展示自己的优势，在其他同学面前讲解。有些文化背景下，学生不愿意暴露自己的弱点，即使遇到困难也不愿求助于其他同学。这种情况下，多语辅助汉语学习的策略可能需要重新评估。

曾广煜

第二章　以卢旺达语为母语的学生汉语发音偏误考察

卢旺达语(Kinyarwanda)属于班图语言,使用人口约900万人,主要分布在以法语和英语为官方语言的卢旺达及其邻国刚果金和乌干达,同时卢旺达语和布隆迪及坦桑尼亚所使用的基隆迪语(Kirundi)极为相似。本文考察的对象是卢旺达学生,他们的母语均为卢旺达语,大部分会法语,部分会英语。所有考察对象均为刚学完汉语拼音(不包括所有拼写规则)的学生,故本文选用国家普通话水平测试样题第一题中的99个单音节字词(加注拼音)进行测试,然后根据测试结果进行描述。

一、关于声母的偏误考察

测试结果显示,21个辅音声母中,有3个没有明显偏误,7个容易纠正的不明显偏误,4个易混偏 误,7个较难纠正的偏误。另外,个别考察对象因自身原因将c[ts‘]发成[k]的类似情况,本文算作发音错误,不在考查范围之内。

双唇鼻音m[m],舌尖鼻音n[n],舌尖边音l[l]没有明显偏误。

双唇不送气清塞音b[p],发成浊音[b],类似英语中的b,致使发音困难。

双唇送气清塞音p[p‘],发音时送气量不足,或胸腔送气导致送气量过大,致使发音不顺畅。

唇齿清擦音f[f],发音时上齿在下唇外侧,送完气后才发声,导致发音勉强困难。

舌尖不送气清塞音 d[t]，发音时舌尖与上齿龈接触时间不够，且易发成浊音[d]，致使发音困难。

舌尖送气清塞音 t[t‘]，发音时舌尖放在上齿后不弹出，有的送气量不足，容易与“d”混淆。

舌面后不送气清塞音 k[k]，发音时舌根过于靠后，发成浊音[g]，致使发音困难。

舌面后送气清塞音 k[k‘]，发音时送气量不足或从胸腔送气，在与开口度小的元音组合时发音不顺畅。

舌面后清擦音 h[x]，发音时小舌颤动，有的发成喉部擦音，在词语拼读时发音不清晰，近于省略。

舌面前不送气清塞擦音 j[t]，发音时常伴有圆唇现象，舌面主动向硬腭靠拢，摩擦时间过长，导致发音不清晰。

舌面前送气清塞擦音 q[t‘]，发音时也同样常伴有圆唇现象，舌面主动向硬腭靠拢，且送气时舌位 移动速度过快，范围过大。

舌面前清擦音 x[ɕ]，发音时舌尖不够放松，舌头与上齿龈接触而非下齿龈，故舌面与硬腭接触不够，容易发成英语中的[ʃ]音。

舌尖前不送气清塞擦音 z[ts]，发音时舌尖处于上下齿之间，且声带振动，类似浊音[dz]。

舌尖前送气清塞擦音 c[ts‘]，发音时舌尖也处于上下齿之间，送气时舌头移动位置，导致发音不连贯。

舌尖前清擦音 s[s]，发音时舌头不够放松，容易卷曲至下齿龈，导致发音不清晰。

舌尖后不送气清塞擦音 zh[tʂ]，发音时舌尖抵在上齿龈处，过于靠前，且声带振动，发音类似英语中的[d]。

舌尖后送气清塞擦音 ch[tʂ]，发音时舌叶用力，送气时舌头弹开过程不自然。

舌尖后清擦音 sh[ʂ]，卷舌过程中，舌头过于紧张致使舌头用力，易与英语中的[ʃ]混淆。

舌尖后浊辅音 r[ʐ]，发音时小舌颤动，口腔肌肉松弛，有的有圆唇现象。

二、关于韵母的偏误考察

测试所用 99 个单音节字词中并不包括单元音“ê”，也没有舌尖前元音、舌尖后元音，因为它们并不单独出现，因此本文按照韵母的内部组合成分分为三组来考察。此外，个别考察对象因自身原因将 long 发成[lɔŋ]的类似情况，本文算作发音错误，不在考查范围之内。

1. 单韵母

a[A]，单独作韵母或单独成音节时，有的被试者发音时开口度太小。

o[o]，发音时容易漏掉前面的[w]音，口腔形状僵硬，且易混淆于英语中的[ɔ]音。

e[ɤ]，发音时嘴唇用力，舌位偏高且靠前，导致发成英语中的[ə]音。

ü[y]，发音时舌头容易后退，致使音节介于“i”和“u”之间。

i[i]，u[u]没有明显偏误，“er”的偏误是由“e”引起，不单独描述。

2. 复韵母

ai[ai]、ei[ei]、ao[ɑu]、ou[ou]四个前响二合复韵母的共同特点是前一个元音响亮清楚，后一个元音短暂且模糊，而受试对象的普遍问题是口型没有变化，发音近似于单元音。其中“ai”的发音类似于[e]，开口度小且没有变化，“ao”类似于[ɔː]，“ou”类似于[əu]，且未圆唇。

ia[iA]、ie[iɛ]、ua[uA]、uo[uo]、üe[yɛ]五个后响二合复韵母的共同特点是后一个元音响亮清楚，前一个元音短暂但必不可少，受试对象的偏误同样在于缺少连贯性。其中“üe”的口型从圆唇到不圆唇的变化，很多受试者没有正确掌握。

iao[iɑo]、iou[iou]、uai[uai]、uei[uei]四个三合复韵母偏误情况与上面二合复韵母相同，在二合复韵母上没有偏误的在这四个韵母上也没有。

3. 带鼻音韵母

an[an]、en[ən]、in[in]、ün[yn]、ian[iɛn]、uan[uɑn]、üan[yæn]、uen[uən]八个前鼻音韵母除了元音韵母影响外没有明显偏误。其中“en”的发音舌位较低，类似于[en]音，“uen”的发音缺少中间的元音，听起来生硬。

ang[ɑŋ]、eng[əŋ]、ing[iŋ]、ong[uŋ]、uang[uɑŋ]、iang[iɑŋ]、ueng[uŋ]、iong[yŋ]八个后鼻音韵母的偏误情况集中体现为受试者不同程度地将辅音字母“n”和“g”分开了，听起来是前鼻音韵母的音节加上辅音[g]两个音节。

三、关于声调的偏误考察

汉语声调的偏误其实为大多数汉语学习者所共有，因此本文不再赘述常见的偏误。卢旺达语有三个声调，以卢旺达语为母语的汉语学习者在学习汉语声调时可能有不同于其他学习者的偏误现象，本文主要考察这种类型的偏误。

第一声阴平，部分受试者所发之调为中平调，不够高。

第二声阳平，偏误情况集中体现为声调上升的过程中有中断，听起来是由一个较低的第一声加上较高的第四声叠加而成的音调。

第三声上升，单独发音时没有明显偏误。

第四声去声，发音时只高不低，类似于重音而不是降调，且过于短促。

四、说明本

文所描述的声母的偏误情况不包括零声母，所描述的韵母的偏误情况不包括单韵母“ê”以及仅限于与舌尖前音、舌尖后音相拼的两个韵母，也不包括儿化韵，所描述的声调的偏误情况仅限于单音节字词中出现的，不包括轻声，词组、短语甚至句子中的声调、语调和变调等情况不在考察范围之内。

曾广煜

附录:测试所用 99 个单音节字词

序号	汉字	拼音	序号	汉字	拼音	序号	汉字	拼音
1	粗	cū	34	许	xǔ	67	彭	péng
2	休	xiū	35	铜	tóng	68	月	yùe
3	栽	zāi	36	讽	fěng	69	找	zhǎo
4	远	yuǎn	37	燃	rán	70	伴	bàn
5	摧	cuī	38	桑	sāng	71	陶	táo
6	彼	bǐ	39	条	tiáo	72	双	shuāng
7	鳞	lín	40	炯	jiǒng	73	醇	chún
8	汞	gǒng	41	膘	biāo	74	跟	gēn
9	灼	zhuó	42	咒	zhòu	75	特	tè
10	睁	zhēng	43	稳	wěn	76	瓜	guā
11	嘴	zuǐ	44	釉	yòu	77	群	qún
12	墙	qiáng	45	焚	fén	78	摔	shuāi
13	软	ruǎn	46	艘	sōu	79	砍	kǎn
14	框	kuàng	47	让	ràng	80	害	hài
15	沉	chén	48	兵	bīng	81	吴	wú
16	辣	là	49	螺	luó	82	遣	qiǎn
17	寒	hán	50	钾	jiǎ	83	末	mò
18	法	fǎ	51	涡	wō	84	您	nín
19	怪	guài	52	耍	shuǎ	85	怯	qiè
20	纱	shā	53	客	kè	86	北	běi
21	馆	guǎn	54	乃	nǎi	87	居	jū
22	日	rì	55	掂	diān	88	型	xíng
23	而	ér	56	楼	lóu	89	裂	liè
24	酱	jiàng	57	字	zì	90	诀	jué
25	缫	sāo	58	兜	dōu	91	纳	nà
26	库	kù	59	仗	zhàng	92	巡	xún
27	堆	duī	60	雅	yǎ	93	短	duǎn
28	绢	juàn	61	胸	xiōng	94	磁	cí
29	普	pǔ	62	米	mǐ	95	匹	pǐ
30	迈	mài	63	瞪	dèng	96	脓	nóng
31	吃	chī	64	蕊	ruǐ	97	颇	pō
32	话	huà	65	趋	qū	98	傲	ào
33	停	tíng	66	扯	chě	99	黑	hēi

第三章 卢旺达教育语言政策：从法语向英语的转换

卢旺达教学语言从法语转向英语，原因包括卢旺达加入了由大多数使用英语的国家构成的东非国家共同体（EAC），加入了英联邦国家组织，加强与邻国和南非的关系，在经济上，与使用英语的乌干达、肯尼亚和南非的贸易促进了卢旺达经济的发展。同时也包括与殖民地的过去决裂，建立新的卢旺达形象；以及卢旺达与法国的关系因为1994年的大屠杀而出现恶化。

卢旺达语言政策涉及母语基尼亚卢旺达语、法语和英语。据统计，有90%的人口使用基尼亚卢旺达语，8%的人口使用法语，4%的人口使用英语。1994年内战和大屠杀后，卢旺达政府竭力促进国家的发展，缔造新的卢旺达形象，从法语转向英语的语言政策就是这种努力的一部分。这种语言转向对民众的生活，对国家的政治和经济产生了重要影响。

与其他非洲国家多语言状况不同，基尼亚卢旺达语是卢旺达唯一的民族语言，起到联系和团结民众的纽带作用。但是，基尼亚卢旺达语主要是使用在小学教育阶段，在中等教育和高等教育阶段使用法语和英语，重要的社会、经济、政治和文化活动也使用英语和法语。

在1890—1962年比利时殖民统治时期，法语是卢旺达官方语言和学校教学语言，卢旺达也被认为是法语国家。1994年大屠杀以后，法语的影响力下降，卢旺达政府将英语作为官方语言。从1996起，教育语言政策要求小学1～3年级使用基尼亚卢旺达语教学，从4年级起，学生选择法语或者英语作为教学语言。对大学生的要求是熟练使用法语和英语。2008 年的语言政策改革规定英语作为唯一的教学语言,削弱了法语的作用。新的语言政策要求从小学一年级就开始使用英语教学,小学 6 年级的升初中考试使用英语。许多教师也开始学习英语,英语也在核心课程中使用。

卢旺达语言政策转变的一个目的是加强与东非使用英语的邻国的关系和贸易。在 1994 年大屠杀后,英国成为卢旺达最大援助国,份额占卢旺达外援一半,尽管不是前英国殖民地,卢旺达申请加入了英联邦。卢旺达教育部官员说,“选择英语不仅是因为英语的缘故,还因为使用英语能够让卢旺达实现平等。英语是当今世界的语言,特别是在商贸领域。卢旺达要吸引外资,而大多数外资来自英语国家。英语作为教学语言,能够让今天和未来的卢旺达人受益。如果西班牙语或者其他语言能够让我们实现相同的目标,那也没有问题。”这种语言转换对卢旺达的社会生活和教育带来显性的和潜在的影响,政府雇员开始学习英语,许多官员在言语中夹杂了英语词汇,连出租车驾驶员也开始使用英语。卢旺达有影响的报纸《新时代报》在 2008 年的一个报道中说,就连法国教育部部长也呼吁法国学生在假期学习英语,以达到国际标准,因为未来世界上使用法语的人会减少。卢旺达官方认为,法语的使用范围远远小于英语的使用范围,英语是经济和商务的语言,也是工作机会的语言,英语是全球经济增长和发展的重要工具。卢旺达希望不仅在非洲市场,还在世界市场具有竞争力。因此,这种语言转换能够促进经济发展。

英语作为教学语言的改革是一项巨大工程,对卢旺达教育带来许多挑战,特别是卢旺达超过 95%的学校从 3 年级起使用的是法语。其中一个挑战是缺乏熟练使用英语的教师,而这又涉及目前卢旺达缺乏足够的师范教育教师。2009 年,卢旺达的 31 000 小学教师中,仅有 4 700 名教师接受了英语培训,12 000 名中学教师中,仅 600 人接受了英语培训。卢旺达教育部官员说,“我们正开展大规模教师培训项目。

我们在邻国和其他国家寻找英语教师。英国文化委员会也积极参与。英语是世界语言，寻找语言教师并不困难”。

卢旺达的学校将实现双语教学，有的科目使用英语，有的使用法语。首先在一些对语言要求不高的科目开始，如数学和科学。而对语言要求高的科目如历史和艺术则暂缓。一开始会有很多困难，但随着更多教师接受培训，接受英语教育的教师毕业，语言转换进展会加快。卢旺达基加利科技学院的教学已经使用了英语，卢旺达国立大学的教学中越来越多地使用英语。

卢旺达面临一系列的经济问题和挑战，包括人口过密和土地纠纷。语言政策制定者希望使用英语有助于促进民众生活水平的改善和促进民族和谐。总体上，卢旺达民众对使用英语持积极态度，认为英语是宝贵的财富。不过，卢旺达的社会现实是，在首都基加利生活着大量从事欣欣向荣的高科技的技术人员，而在农村情况非常不同，大约 90％的卢旺达人依赖农业为生，许多村落还没有分享到国家经济发展的新成就和繁荣。因此，许多卢旺达人难以感受到语言改革的潜在好处。除了经济原因，语言政策的改变是因为自 1994 年大屠杀以来，卢旺达与法国的关系的恶化。

用英语替代法语作为教学语言也对卢旺达社会生活产生重要影响。首先是与殖民地的过去割离。政府的语言政策是要改变卢旺达人对自我身份认同的感知，并且消除基于族群的认同和归属，建立一个单一的民族身份。身份认同表示卢旺达人是第一位的，胡图族或者图西族则第二位的。使用外语来促进经济和社会进步，将英语作为唯一的教育和工作语言还有另外的潜在影响。因为不同的社会身份和群体与英语的联系各不相同，使用英语的群体处于社会经济关系的上层地位，英语是卢旺达精英群体和政府领导层的语言，也是曾经流亡英语国家的图西族群体的语言。这些流亡者在 1994 年大屠杀后返回卢旺达，他们流亡的国家包括乌干达、刚果、布隆迪、坦桑尼亚、肯尼亚和南非。这些人大多数使用英语，使用法语的仅占少部分。据统计，这些返回者的人数是50万～80万人。语言成为不同群体的工具，也是权势的工具，因为政府部门大多数是使用英语的群体。在政府重新塑造新的卢旺达形象的努力中，语言转换起了重要作用。政府语言政策的目标是确保所有人的发展机会，提高民众读写能力和提高教育质量，使全国各个地区包括农村地区受益。卢旺达的历史和现实表明，语言政策将对未来的经济和政治产生重要影响。

第四章　语言转换对大学生学习质量的影响

与很多非洲国家是多语不同，卢旺达有一个共同的民族语言基尼亚卢旺达语，但作为比利时殖民地，法语长期是卢旺达中学和大学的教学语言。在 20 世纪 60 年代，英语作为一门外语进入中学，但英语的地位比法语低。1994 年后，许多卢旺达人从使用英语和法语的国家返回，与此同时，高等教育也获得大规模的投资和得到发展。原有的大多数大学教师都是使用法语教学，但 1994 年后，越来越多地使用英语的教师进入大学，此外，大学开始招收使用英语的学生。因此，大学教育使用法语和英语双语。

教学语言的双语政策要求学生在进入大学第三年学习之前，必须达到两种语言的“高级”的能力标准。2008 年，这项政策发生变化，卢旺达教育部决定，所有课程采用英语而不是法语授课。从某种意义上说，卢旺达政府的这一决定是因为加入了使用英语的东非共同体。教育语言政策的这种变化要求大学生从一开始就使用英语学习所有的学科，而不是从两种语言逐渐过渡。大学生在语言转换过程中，经历了不同的学习困难，有不同的反映和反思。

10 年来，许多国家的教育语言政策发生了巨大变化，英语成为许多学生的第三语言，教育语言政策的研究有重要意义，许多学者对中学或大学将第二语言或者外语的英语作为教学语言或者作为学习科目有很多研究。Airey 等(2006)研究了瑞典大学物理课程教学中英语的应用，发现当教学语言从瑞典语变成英语时，学习效果中会出现很大差异，包括教师和学生的问答等课堂互动的减少，课堂听讲和同时做笔记能力的下降。对我国香港地区大学中学的教学语言的调查发现(Evans,2011；Macaro，2012)，使用英语作为教学语言会使课程的互动性下降，学生出现听课困难，影响对课程内容的理解，在大学的第一学期尤其如此。在中学课堂，当使用英语时，建构意义的机会减少，课程教学也成为教师的中心。Zakaria 等（2011)的调查发现，马来西亚大学数学课程使用英语作为教学语言时，学生的数学成绩表现不佳。

教学语言是理解学科知识的重要工具，教学语言研究成为一个热门话题。只有教师和学生需要他们熟悉的语言来表达思想时教学语言才真正有效。教学语言必须是教师和学生可以理解的，还应该达到运用自如的水平，这样他们就可以使用教学语言来传递和接收信息。尽管教学语言的选择涉及多个因素，但重要的是要根据语言实现的功能来选择。

学习涉及思考和逻辑思维，教学语言需要能够使学习者使用这种语言清晰地接收和传递信息并且进行归纳。这样，他们学会了对不同观点的批判性思考，并使他们能够表达和阐述自己的观点。它还将学生、老师以及同学有效地联系起来。

Alidou 等(2011)对非洲撒哈拉以南国家的教学语言的研究发现，使用教师和学生都熟悉的教学语言能够对教学实践产生积极的影响，师生会通过语言交流建立相互信任和信心，从而创造一个安全的学习环境。尽管如此，作为第二语言或外语的英语被用作教学语言是基于其所具有的工具价值。例如，马拉维的父母愿意支付高额的学费，让孩子上英语教学的学校，认为英语而非当地语言能够增加孩子上中学的机遇，最终获得一份更好的工作。在卢旺达，将英语作为教学语言是为了使卢旺达在东非共同体和主要使用英语的国际社会更具竞争力。

教学语言的选择是一个复杂的和具有工具动机的问题，英语的工具价值是重要方面。英语作为教学语言的选择是基于英语的地位，它被认为有助于获得成功。因此，在选择教学语言时必须考虑到动机的问题。教师、家长和其他利益相关者的普遍接受会产生高水平的激励动机。

教师和学生通常是主要的利益攸关者，在英语作为教学语言的选择背后，有必要研究大学生对英语作为高等教育唯一教学语言的政策和教学实践的思考，反应和经历，尤其是许多学生在中学是使用的法语作为教学语言。

本研究调查了大学生在日常学习活动中，特别是在学术语言转换时期，对英语作为唯一教学语言的反思。调查对象是卢旺达大学经济和管理学院的经济、会计和管理系的学生，150 名学生接受了调查问卷，有 92 名学生返回了完整的问卷。问卷包括了封闭和开放的问题。此外还对完成了问卷的学生进行了个别访谈，总共有 25 名大一学生(10 名女性和 15 名男性)参加访谈。他们的母语都是基尼亚卢旺达语，他们能够进入著名的公立大学学习，因此他们在中学阶段都是好学生。访谈包括这些问题：在英语作为教学语言的课程中的理解、笔记和课堂参与；在英语作为教学语言的环境中阅读和提取信息等。参与者可以用他们选择的语言来回答。

访谈的结果如下：对“在英语作为教学语言的课程中的理解”的问题，许多学生说，当老师使用英语作为教学语言时，他们对课程的理解出现问题，因为对英语的掌握不足以应付课程学习。只有 2 名学生回答没有问题，因为他们从小是在英语作为教学语言的学校学习。

妨碍学生理解课程内容的原因除了英语语言的因素，老师的个人语言特点也会妨碍学生的学习，例如教师英语口语的速度和发音。另外，学生不熟悉英语的技术词汇。

同时，英语语言本身的特征和教师口语的特征成为学生课堂笔记的障碍。英语语言的因素是学生英语能力有限，英语语法知识、词汇和学科术语等有限。教师口语的因素是语速和发音阻碍了学生笔记。因此，一些学生不愿意记笔记，而是等待老师把内容写在黑板上，然后抄写下来。Airey 等(2006 年)的研究发现，当使用第二语言教学的时候，学生们会通过抄写黑板的内容帮助学习，否则，他们会专注于笔记而不是理解课程内容。

大多数学生使用英语参与课堂讨论的程度很低。有的学生的参与仅限于单音节，例如“是”或“否”，更不能使用英语来进行讨论。而且，他们不熟悉适当的英语祈使句和指令语，这些句式和激励学生充分参与讨论的主题同样重要。

大多数学生因为英语程度不够而在阅读英语材料方面存在问题，问题和英语的程度因学生而异。一些学生认为他们的问题是中学没有学习这种外语，也有学生认为问题是大学阶段使用英语作为教学语言带来的语言转换问题，还有学生认为问题是出自教学实践，他们习惯了中学教师传授知识的教学方法，很难适应大学的新方法，需要阅读老师指定若干书籍，帮助自己获得知识。

学生认为，小组学习和讨论方式适合他们，因为最后是通过英语好的同学代表小组发言。在分组阅读时，学生用法语或基尼亚卢旺达语解释英语术语，而且当老师用学生熟悉的语言讲授和翻译时，他们发现这些术语并不困难。因此，小组学习是最适合学生的方式，这不仅是因为小组成员掌握不同知识，还因为他们可以使用自己熟悉的语言。对他们来说，在小组活动中使用基尼亚卢旺达语和法语有助于他们对所讨论的问题的理解，母语的语码转换能够作为解释困难词汇或关键概念的手段。如果仅使用英语作为教学语言会阻碍学生的课堂参与，课程变得更加以教师为中心，从而减少了建构意义的机会。

大部分学生认为英语作为唯一的教学语言限制了他们对学科内容的理解，但他们愿意努力学习来克服困难。尽管阅读英语材料需要更多时间，但他们愿意花时间发展他们的阅读技能，并最终能够应对英语教学语言的教学。

学生们愿意克服在使用英语作为教学语言时遇到的学习困难，显然，他们是受到英语作为全球语言这一工具性动机驱动的：努力学习英语以便充分参与学术活动；英语在许多国家使用，学生想在卢旺达、东非甚至全世界找到工作；英语是获得机会的关键。由此可见，这些学生对以英语作为教学语言的态度是积极的。卢旺达的大学生尽管在掌握英语方面还有问题，但他们的学习动机是被未来生活中使用英语的工具价值驱动的，他们预见到在当今世界使用英语的好处，所以他们欢迎用英语授课。

学生有了学习英语的决心，还需要大量使用英语的机会和环境，才能让英语在教学中充分发挥作用。在卢旺达高等教育语言转换时期，根据对大学生的调查，由于英语的特点和教师口语的特点，学生所掌握的词汇和特定学科术语有限等因素，造成了一些学生在英语作为教学语言的课程中遇到问题，难以完成日常学术活动。

教学语言的选择要求教师和学习者都充分熟悉该教学语言，否则语言能力会影响师生互动和交流，对学生和学习的影响，可能造成学生采取表层学习策略，如记忆策略或抄写，而没有深入了解。表层学习策略满足眼前的需要，但不促进对概念的理解，是以死记硬背为特征的低阶思维技能，然而，大学生需要的是通过协商、决策和思辨来批判性地思考和学习，这样才能为未来的职业作好准备。

研究表明，尽管存在一些问题，但卢旺达大学生学生对使用英语作为教学语言的工具性动机促使他们喜欢并选择英语作为教学语言，同时愿意努力学习和掌握英语。动机是选择、使用和保持英语作为教学语言的关键因素。但是，在承认英语对扩大学习机会和与世界交流的重要性的同时，还需要考虑努力提高学生的英语能力，以能够实现有效学习的目的。

通过对大学生对卢旺达高等教育中英语作为教学语言现状的调

查发现，许多学生在日常学习中因为使用新的教学语言而面临着不同的挑战和困难。然而，英语的工具性动机促使学生赞成英语作为教学语言，但由于学生学习英语的动机是工具性的，而他们的英语水平与他们的学习需求不匹配，因此，需要相应的语码转换和跨语言交际，作为建构意义和和理解学科内容的一种可行方式，以提高大学生的批判性思维能力和对知识的掌握。此外，可以鼓励小组学习和同伴互助学习。

肖璞编译

第五章　卢旺达大学生的英语学习策略

经济全球化使得许多国家将第二语言或外语的英语作为教学语言，使用英语作为教学语言有政治、社会和经济各方面的考虑。

近20多年来，卢旺达教育语言政策发生了很多变化。1994年以前，小学的教学语言是母语基尼亚卢旺达语，在中等教育和高等教育中是法语。1995年以后，卢旺达政府决定建立一个“三语”社会，除基尼亚卢旺达语和法语外，还将英语作为官方语言和教学语言。2008年以前，英语和法语都是高等教育的教学语言，其选择取决于教师的语言能力。与此同时，对语言程度不够的学生开设了英语或法语补习课程。

2009年，新的教育语言政策要求大学所有科目使用英语作为教学语言，无论学生在中学是以法语还是英语作为教学语言学习。这一语言转换有政治、经济和社会各方面的原因，包括顺应和融入全球化趋势的目标。在卢旺达，大多数人使用共同语言基尼亚卢旺达语，但学校教学语言和日常生活语言脱节，从而限制了外语在课堂和其他正式场合的使用。在过去20多年中，随着卢旺达的教育语言政策变化，出现了新建立的公立和私立高等教育机构，私立学校、夜校和周末课程也大规模招生。因此，研究学生在英语作为教学语言的环境中采取的学习策略，总结学习成功的学生应对认知需求的策略，有助于为教学语言研究提供新的视觉，为教学实践提供帮助，并帮助新的大学生成功地融入大学学习。

如果学习者对作为第二语言或者外语的英语非常熟悉，那么英语作为教学语言不会妨碍学习者的认知发展。但如果教师和学习者对英语使用不够熟练,其教学效果就会落后于预期,学习就会受到影响。并且有悖于教育的公平与成功的目标。教学语言是促进学习的重要工具,对于学习者获取和理解知识、发展技能和在作业和考试中有效地展示他们获得的知识至关重要。在卢旺达,大学生的英语能力与高等教育对他们的认知要求之间存在不匹配现象。一般而言,如果语言能力与学习要求不匹配,会给学生带来挫折感,并且希望改变教学语言。然而,英语仍然是大学生的首选教学语言,这是出于英语作为国际语言的工具性动机。

学校的教学语言在很大程度上决定了知识和技能的获得,它可以促进但也能够阻碍知识和技能的发展。学生有意识地选择不同策略以克服多语环境中的学习问题,在应对以英语作为教学语言所带来的挑战时,学生们采用了努力工作,强烈的动机,有效的学习策略等方式,以克服诸如理解技术词汇、理解课堂教授和满足学科要求等学术问题。

在英语作为第二语言和外语的背景下,翻译也是一种重要的学习策略,其自然和不可避免地发生在课堂上或同伴学习小组中,因为他们从英语转向当地语言,能够更好地理解新概念。研究认为,学生只有通过各种语言探索概念,他们才能真正发展自己的个人知识建构和丰富对它们的理解。翻译通常是耗时的,因此,双语学生倾向于用母语的词汇来学习课程内容,而不是通过翻译。这样,双语的要求和语境提供了跨语言构建意义方式,而不是形成学习障碍。此外,依靠朋友和亲人也是一项成功的战略。在高等教育机构中使用一种以上的语言有助于而不是削弱学术话语的发展。在英语作为教学语言时,卢旺达大学生有不同的处理认知任务的方法,以及使用不同的应对策略。

2008 年,通过了小组讨论和个人深度访谈两种方式。将卢旺达大学经济学和管理学院的 10 名一年级学生分为两组,在“组织行为学”

课程中完成了讨论任务并且进行了深度访谈。讨论的题目是“个人性格对组织管理的影响”。该课程使用英语作为教学语言，教材是英语，最后的论文也用英文或法文。每个小组集中了5次，最后拿出了论文。对讨论的录音进行了转写并翻译。选择经济学和管理学院，是因为该学院课程教学需要大量使用语言，需要掌握英语书面语和作为教学语言的口语。在小组讨论中，基尼亚卢旺达语是使用最频繁的语言，它被翻译成英语。然后，使用了深度访谈来补充小组讨论的结果。

个人访谈采取了半结构式问题，受访者能够尽可能详尽地表达自己对高等教育有关问题的看法，处理学习任务和加深理解的策略。每次访谈持续25分钟，并且进行了录音。问题是用英语和基尼亚卢旺达语表述的，允许受访者用他们选择的语言来回答，结果他们都用了英语。

结果表明，对于处理学习任务和小组学习中促进学习的策略，是使用不同的语言来理解特定领域的内容，以避免外语水平有限给理解带来的障碍。当小组成员包括英语和法语背景时，使用的是基尼亚卢旺达语，因为法语和英语背景的学生都理解基尼亚卢旺达语。尽管基尼亚卢旺达语不是卢旺达高等教育正式承认的教学语言，但能够促进课程讨论，加强对学科内容的理解。

语言是学生掌握和理解课程内容，将信息转化为知识的工具。使用学习者熟悉的语言，以消除任何形式的误解，这在卢旺达的高等教育中是一种常见的做法。小组讨论也证明了基尼亚卢旺达语的主要用途是补充完成英语作为教学语言的学习任务。事实上，虽然完成的是英语作为教学语言的任务，但讨论更多的是其他语言进行的。

调查表明，在课堂情境中，教师有时也会从官方语言转换为一种学生熟悉的语言以促进理解。例如在英语作为教学语言的课程上，如果老师知道法语，会为了减少混淆而使用法语帮助理解。一些老师知道学生的语言程度，他们会使用语码混合的方法帮助学生的理解。还有老师在特定场合大量使用了基尼亚卢旺达语。

在正式的课堂环境中，为了更好理解课程内容出现了代码转换。教学目的是为了帮助学生获取知识，使用任何都有助于知识获取的语言都是可行的。坚持使用对知识获取有妨碍的语言会消解教师的作用，减弱教学效果和降低效率。因此，使用卢旺达本土语言以促进知识的获取，被学生认为是能提高理解能力的策略之一。语言混合也是一种优势，例如有外国人作为老师，但不懂法语或基尼亚卢旺达语时，他们的课堂教授和解释会非常困难。为了理解的目的而使用不同语言是学生使用的有效策略之一，并且会在必要时希望教师也这样做。

调查也表明，学生使用不同语言来建构意义和知识。例如，学生们在构建词汇"个性"的含义过程中，他们会讨论与个性相关的不同关键词，比如懒惰的、复杂的、基本的等，并且讨论不同个性的人怎样在公司或组织中适应不同的角色。除了自己对词汇的理解外，学生还从老师那里得到了诸如外貌、脾气、感知等的含义，并通过互动合作最终提出一个共同赞同的意义。在讨论中，学生们通过提问和提供答案来理解词汇意思，解释所阅读的内容，将解释的概念应用到现实生活中。所有这一切都是知识建构的过程，学生用基尼亚卢旺达语和英语帮助自己更好地理解了概念。

除了使用不同的语言获取和理解知识，学生还使用辅导和同伴支持方式。学生自发的辅导方式非常重要，它是随着课程要求逐步发展起来以帮助对课程的理解。学生们认为，他们通常会依赖于一个"更有知识的"同伴使用基尼亚卢旺达语向同伴讲解课程的内容，学生们非常欣赏和赞同这一方式。

同伴合作学习和支持，咨询互联网，广泛的阅读，这些也是有助于理解课程内容的有效策略。学生使用阅读和听广播的策略来提高英语水平，他们阅读报纸和与学科领域有关的书籍，收听英语新闻和其他节目，学生意识到全球化和国际交流的发展趋势，特别是卢旺达成为了东非共同体成员国。他们的学习动机是学习英语能有助于获得在世界各地自由交流的语言。广泛阅读所能够带来学术收益，一些学生认识到浏览互联网的重要性，他们在互联网能够获得所需要的学习材料。学生认为，广泛的阅读和得到同伴的支持能够让英语作为高等教育教学语言的学习更加有效。此外，提高英语水平的动机和努力工作也通常是有效的应对策略。

认真听课，按时完成作业和记忆也是有效的学习策略。不同策略的使用取决于不同的课程性质。当课程是实践性的，如计算或其他类型的解决问题的课程时，学生就不太担心理论，只要掌握它的实际方法就可以了。但是，理论课程不一样，记忆策略如果没有理解，就不可能理解所记忆的内容。

学生使用了多种学习策略，最常用的策略是使用熟悉的语言来建构意义和知识框架，同伴合作学习，广泛阅读，听课，完成作业和记忆。学生相互帮助的同伴合作学习在卢旺达大学使用广泛，其有助于克服外语作为教学语言所带来的学习问题，学习者之间的共同语言可以发挥促进学习的作用。同伴合作学习方式几乎都是使用的基尼亚卢旺达语，在正式的课堂讲授中用来澄清概念和加强理解时也多是如此。如果不能用基尼亚卢旺达语进行解释，如有的外籍教师不会使用基尼亚卢旺达语，学生在课堂对课程内容的理解有限，会需要额外的练习和辅导，他们会利用课外时间使用基尼亚卢旺达语重新学习同样的课程内容。使用学生熟悉的语言来帮助理解和加强学习并不只是发生在卢旺达的课堂。研究表明，人们普遍使用熟悉的语言作为策略，以应对英语作为教学语言带来的挑战。在对我国香港学生在英语作为教学语言的学习效果的调查发现，学生的同伴合作学习和相互支持都是使用的粤语，在中学，当教师和学习者都熟悉教学语言时，教学展现了内容的丰富性和针对性，教师使用所熟悉的语言会给出更多的例子并传授丰富的知识内容。同样，学习者通过更生动的课堂互动来参与知识的建构。因此,使用学生的母语来解释课程内容是必要的和可以理解的策略,以确保学生能够充分理解(Evans 等, 2011)。

在卢旺达的社会语言生活中,课堂教学语言和所有学生都能够使用的课外交流语言基尼亚卢旺达语之间存在脱节,利用基尼亚卢旺达语来帮助理解,促进有效学习和互动,有助于补充英语作为唯一的教学语言的教学效果,是一种有价值的交流和教学策略。

使用熟悉的语言学习,同伴合作学习方法等,这些策略在促进理解学习内容方面具有重要作用。但合作性同伴小组学习需要重视共同的目标,小组成员的构成和互动,才能最大化合作学习活动的效果。因为小组成员对知识掌握的程度不同,对语言掌握的程度不同,但具有完成任务的共同目标,就能够互相帮助理解课程内容,最终促进建设性的互动并加强理解。而导师指导有助于课程理解,但有可能让学生更加依赖同伴,将更多时间花在支持性的活动上。

卢旺达大学生在英语作为教学语言的教学实践中采取了应对语言困难的各种策略,使用母语基尼亚卢旺达语来辅助课程内容理解是一个突出的策略,因为一些关键概念是用英语表述的。因此,需要改善教学实践,建立帮助新生尽快融入高等教育学术实践的支持机制,还需要持续地提高学术语言的读写能力和学习技能,而不能仅局限在提高日常英语会话技能。

尽管基尼亚卢旺达语不是正式的教学语言,但它的中介作用和促进学习的潜力需要得到重视,需要支持在课堂上或在小组同伴学习活动中进行相应的语码转换和跨语言使用。学生为促进学习而使用的不同策略也有助于教师提高对学生学习的支持策略,帮助学生在卢旺达英语作为教学语言的语境下掌握知识和理解特定学习科目的具体内容。

卢旺达大学生有不同的语言学习和使用背景,他们也使用不同学习策略来处理英语作为教学语言环境中的问题。通过小组讨论和对卢旺达大学经济和管理学院学生的访谈发现，学生有多种策略以完成以英语作为教学语言的学习任务，其中一个策略和实践是使用其他语言来完成学习任务。虽然其他语言不是官方规定的高等教育教学语言，但是通过语码转换和跨语言学习，这些语言在学习中扮演了重要的中介角色。

肖璞编译

第六章 卢旺达中学生的英语学习动机

2008年,卢旺达教育语言政策发生变化,规定将英语作为唯一的教学语言。卢旺达教育语言政策的变化,涉及在政治、经济贸易、全球化和外交事务等方面使用和学习英语能够带来的好处。

1994内战和大屠杀结束后,大批流亡者返回国内。他们大多数曾经居住在使用英语的邻国并且接受了英语教育,在卢旺达国内,学校教育使用法语和基尼亚卢旺达语。当学校在1995年重新开放时,出现了使用不同语言的两类学生:一类是使用法语和基尼亚卢旺达语的学生,另一类是接受了英语教育的学生。为适应所有学生的需求,卢旺达学校教育体制进行了调整。当时,卢旺达政府采取的措施是将英语、法语和基尼亚卢旺达语作为官方语言,同时出现了使用法语和英语并行的学校。卢旺达教育部认为,"卢旺达选择了多语的路径,其有经济、社会和政治的考量。除了母语基尼亚卢旺达语,法语和英语也从小学4年级起作为所有学校学习科目和教学语言"(MINEDUC, 2003:14)。但是,调查发现这样的效果并不好,因为卢旺达主要还是单语社会,母语基尼亚卢旺达语在日常生活中居主导地位,学生不具备法语或者英语的充分交际能力。另外,尽管英语是教学语言,学校缺乏法语和英语教师。从1996—2008年,卢旺达语言政策规定小学前3年使用母语基尼亚卢旺达语,然后选择法语或者英语,大学生要求熟练法语和英语。2008年,新的教育语言政策改革要求所有层次的学校从法语转向英语作为教学语言,并且从2009年实施。但这一语言转换缺乏恰当的转换过渡阶段,在实践中,英语作为教学语言无法获得积极的教学效果。

语言学习的动机表示“内在驱动，意愿或者冲动”(Cohen & Macaro,2007)；涉及行动的方向和强度，对特定目标的选择、坚持和努力(Dornyei, 2001)。动机涉及人为什么做某事，做某事的坚持和努力程度。动机是二语学习成功与否的关键因素，学习语言的注意力，参与语言活动，完成语言作业，语言接触时间的长短和努力程度等都受动机影响。

二语学习者动机分综合性与工具型动机。综合性动机表示学习兴趣和对该言语社区的接近(Gardner, 2001)，也包括对使用该语言的国家和其文化的兴趣 (Saville-Troike, 2006)。工具型动机更具实用性，如毕业要求、工作、增加收入、阅读技术资料、从事翻译和提高社会地位 (Oroujlou & Vahedi,2011)。综合型动机认同使用该语言的群体和文化，学习效果更好，但工具型能够满足职业资格或者教育需要，因此，两种动机都应该得到鼓励。

动机也分外部动机和内部动机(Finocchiaro,1989)，外部动机如希望获得好的考试成绩或者阅读好等，外在动机的来源包括奖励、成绩、晋升，其是工具型动机。当学生因为表现好而获得信心和成就感后，外部动机就转化为内部动机。内在动机包括个人的兴趣和愿望，对知识的渴求，内在动机也是融合型动机，教师应该帮助把学生的外部动机转换为内部动机。

2012—2013 年，对卢旺达首都基加利不同地区类型相同的中学的高、中和低班级进行了学习动机调查。在 2009 年教育语言政策改变后，这些学校的学生需要学习英语，但缺乏合格的英语教师。调查随机抽样选取了教育官员，校长，政策专家和基加利教育学院和中学教师，以及基加利 3 所中学的学生，每所学校 8 人。

对学生的调查表明，学生学习英语多是外部动机，如：找工作，为了学习，出国深造，交际，商业事务，国家发展。内部动机是如看电影和阅读。学生明白英语在多方面的重要性：与东非国家的融合和工作